Entscheidungen in Kirchensachen

seit 1946

Begründet von

Prof. Dr. Dr. Carl Joseph Hering †

Dr. Hubert Lentz

Herausgegeben von

Dr. Hubert Lentz
Stadtdirektor a. D. in Düren

Prof. Dr. Wolfgang Rüfner
Universitätsprofessor
an der Universität zu Köln

Prof. Dr. Manfred Baldus
Vorsitzender Richter
am Landgericht Köln

1993
Walter de Gruyter · Berlin · New York

Entscheidungen in Kirchensachen

Generalregister Bände 1 bis 25

1993
Walter de Gruyter · Berlin · New York

Zitierweise
Für die Zitierung dieser Sammlung wird die Abkürzung KirchE empfohlen,
z. B. KirchE 1,70 (= Band 1 Seite 70).

ISBN 3 11 013942 1

Satz: Dörlemann-Satz, Lemförde
Druck: Gerike, Berlin
Buchbinderarbeiten: Lüderitz & Bauer Buchgewerbe GmbH, Berlin

Inhaltsverzeichnis

1. Teil: Repertorium der veröffentlichten Entscheidungen in chronologischer Ordnung nach Gerichtszweigen

(Gliederung siehe Inhaltsverzeichnis)

Die Angaben (Band [in Fettdruck], Seite) beziehen sich jeweils auf die erste Seite der Entscheidung.

A. BUNDESVERFASSUNGSGERICHT

1957		
26. 3. (2 BvG 1/55)	Die Schulbestimmungen des Reichskonkordats.	**4**,46
1960		
8. 11. (1 BvR 59/56)	Inhalt und Grenzen des Grundrechts der Glaubensfreiheit.	**5**,256
1964		
7. 4. (1 BvR 350/62)	Zur Auswirkung des Grundrechts der Glaubensfreiheit auf den Begriff der schweren Eheverfehlung.	**7**,62
1965		
17. 2. (1 BvR 732/64)	Zur Abgrenzung von öffentlicher kirchlicher und staatlicher Gewalt.	**7**,172
3. 3. (1 BvR 208/59	Beurkundungsbefugnis bischöflicher Urkundsbeamter.	**7**,175
28. 4. (1 BvR 346/61)	Gebührenfreiheit der Neuapostolischen Kirche im Land Nordrhein-Westfalen.	**7**,183

4. 10. (1 BvR 498/62)	Es ist mit dem GG vereinbar, die Befreiung von der Umsatzsteuer auf Religionsgesellschaften zu beschränken, die Körperschaften des öffentlichen Rechts sind.	7,242
14. 12. (1 BvL 31/62 - 1 BvL 32/62)	Ein Arbeitnehmer, der keiner steuerberechtigten Kirche angehört, darf durch staatliches Gesetz nicht verpflichtet werden, Kirchensteuer nur deshalb zu zahlen, weil sein Ehegatte einer Kirche angehört.	7,310
14.12. (1 BvL 2/60)	Ein keiner steuerberechtigten Religionsgesellschaft angehörender Ehegatte kann nicht zur Erfüllung der Steuerpflicht seiner einer solchen Religionsgesellschaft angehörenden Ehefrau herangezogen werden.	7,319
14. 12. (1 BvR 586/58)	Staatliche Behörden dürfen kirchliche Steuergesetze, die einer landesgesetzlichen Grundlage entbehren, nicht anwenden.	7,323
14. 12. (1 BvR 571/60)	Eine beim Inkrafttreten der Weimarer Reichsverfassung vorhandene allgemeine staatliche Anerkennung des Besteuerungsrechts einer Religionsgesellschaft kann eine landesrechtliche Bestimmung auch dann sein, wenn sie nicht ein Gesetz in formellem Sinne oder eine rechtsetzende Vereinbarung ist.	7,327
14. 12. (1 BvR 413/60) - 1 BvR 416/60)	Die Heranziehung zur Kirchenbausteuer aufgrund des Badischen Ortskirchensteuergesetzes verletzt die juristischen Personen in ihrem Grundrecht aus Art. 2 Abs. 1 GG.	7,338
14. 12. (1 BvR 606/60)	Der Halbteilungsgrundsatz des deutschen Kirchensteuerrechts verstößt gegen Art. 2 Abs. 1 GG.	7,352
14. 12. (1 BvL 16/58 - 1 BvL 3/59)	Zur Frage der Kirchensteuer bei glaubensverschiedenen Ehen in Bayern.	7,363
14. 12. (1 BvR 329/63)	Steuerbescheide kirchlicher Steuerämter sind Akte der öffentlichen Gewalt i. S. des § 90 Abs. 1 BVerfGG.	7,367

1966		
20. 4. (1 BvR 16/66)	Wahl einer getrennten Veranlagung zur Kirchensteuer bei gemeinsamer Veranlagung von Ehegatten zur Einkommensteuer.	8,67
1967		
2. 5. (1 BvR 578/63)	Zur Grundrechtsfähigkeit juristischer Personen des öffentlichen Rechts.	9,106
18. 7. (2 BvF 3, 4, 5, 6, 7, 8/62; 2 BvR 139, 140, 334, 335/62)	Verfassungsmäßigkeit von Bestimmungen des Jugendwohlfahrtsgesetzes und Bundessozialhilfegesetzes.	9,183
17. 10. (1 BvR 760/64)	Zulässigkeit der Verfassungsbeschwerde gegen Verurteilung wegen Verweigerung des Ersatzdienstes.	9,241
1968		
5. 3. (1 BvR 679/67	Kein Verweigerungsrecht des zivilen Ersatzdienstes für Zeugen Jehovas.	10,14
16. 10. (1 BvR 241/66)	Das Grundrecht des Art. 4 Abs. 1 und 2 GG steht auch Vereinigungen zu, die sich nicht die allseitige, sondern nur die partielle Pflege des religiösen oder weltanschaulichen Lebens ihrer Mitglieder zum Ziel gesetzt haben.	10,181
6. 11. (1 BvR 727/65)	Unzulässigkeit einer Verfassungsbeschwerde gegen das Urteil des Hess. StGH betreffend das Schulgebet.	10,216
18. 12. (1 BvR 622/63)	Unzulässigkeit einer Verfassungsbeschwerde gegen die Verurteilung wegen Verweigerung des Ersatzdienstes.	10,241
1971		
13. 1. (1 BvR 671, 672/65)	Zur Zulässigkeit von Verfassungsbeschwerden der Kirchen gegen eine Entscheidung des Bremischen Staatsgerichtshofs.	12,2
31. 3. (1 BvR 744/67)	Die Begründung der kirchlichen Mitgliedschaft und der Kirchensteuerpflicht durch Taufe und Wohnsitz widerspricht nicht dem Grundgesetz.	12,101

4. 5. (1 BvR 636/68)	Zur Frage der Eheschließungsfreiheit eines aus der katholischen Kirche ausgetretenen Spaniers, den eine nur standesamtlich verheiratet gewesene geschiedene Deutsche evang. Bekenntnisses heiraten will.	**12**,132
7. 7. (1 BvR 765/66)	Urheberrechtlicher Schutz von literarischen Sammlungsbeiträgen für den Kirchengebrauch.	**12**,220
19. 10. (1 BvR 387/65)	Religiös motivierte Ablehnung einer Bluttransfusion.	**12**,294
1972		
14. 3. (2 BvR 60/71)	Eidesverweigerung aus religiösen Gründen.	**12**,389
11. 4. (2 BvR 75/71)	Eidesverweigerung unter Berufung auf die Bibel und Art. 4 GG.	**12**,410
1973		
17. 7. (1 BvR 308/69)	Kreuz im Gerichtssaal.	**13**,315
1975		
17. 12. (1 BvR 63/68)	Zur Verfassungsmäßigkeit der christlichen Gemeinschaftsschule badischer Überlieferung.	**15**,128
17. 12. (1 BvR 548/68)	Zur Vereinbarkeit der Gemeinschaftsschule gem. Art. 12 LV.NW mit dem Grundgesetz.	**15**,145
17. 12. (1 BvR 428/69)	Art. 135 Satz 2 BayLV und Art. 7 Abs. 1 Satz 1 BayVolksSchulG vom 13. 12. 1968 sind mit dem Grundgesetz vereinbar.	**15**,158
1976		
21. 9. (2 BvR 350/75)	Kirchliches Amt und Abgeordnetenmandat.	**15**,320
1977		
8. 2. (1 BvL 7/71)	Heranziehung der Kirchensteuer nach Kirchenaustritt.	**16**,41
8. 2. (1 BvR 329/71; 217, 2237/73; 199, 217/74)	Überlegungsfrist und sog. Nachbesteuerung nach Kirchenaustrittserklärung.	**16**,47

17. 2. (1 BvR 343/74)	Kirchensteuer-Pauschalierung im Lohnabzugsverfahren ist verfassungskonform.	16,73
17. 2. (1 BvR 33/76)	Kirchensteuer-Erhebung im Lohnabzugsverfahren ist verfassungskonform.	16,75
24. 5. (2 BvR 988/75)	Zur Frage unter welchen Voraussetzungen die Durchsuchung einer kirchlichen Drogenberatungsstelle u. die Beschlagnahme von Klientenakten verfassungswidrig ist.	16,111
11. 10. (2 BvR 209/76)	Anwendung des Betriebsverfassungsgesetzes auf kirchl. Einrichtungen.	16,189
25. 10. (1 BvR 323/75)	Auskunft über Konfessionszugehörigkeit bei Krankenhausaufnahme.	16,212
1978		
26. 1. (1 BvR 1200/77)	Verweigerung des Rechtsanwalteides aus religiösen Gründen.	16,284
23. 10. (1 BvR 439/75)	Kein Anspruch auf Ausstellung einer Lohnsteuerkarte ohne Konfessionseintrag.	17,93
25. 10. (1 BvR 352/71)	Urheberrechtlicher Schutz von Kirchenmusik.	17,95
28. 11. (2 BvR 316/78)	Verfassungsbeschwerde gegen disziplinarische Entfernung eines Geistlichen aus dem kirchlichen Dienst.	17,120
12. 12. (1 BvR 1168/77)	Beschränkung steuerlicher Vergünstigungen auf Religionsgemeinschaften mit der Eigenschaft einer Körperschaft des öffentlichen Rechts.	17,128
1979		
8. 1. (1 BvR 1144/77)	Erhebung der Kirchensteuer bei Geschiedenen nach dem Steuersatz für Ledige.	17,141
6. 4. (2 BvR 356/79)	Entscheidungen im kirchlichen Lehrbeanstandungsverfahren sind nicht mit der Verfassungsbeschwerde anfechtbar.	17,209
16. 10. (1 BvR 647/70 – 1 BvR 7/74)	Zulässigkeit eines Schulgebets in Gemeinschaftsschulen.	17,325

1980		
25. 3. (2 BvR 208/76)	Unvereinbarkeit von Bestimmungen des NW.KHG mit den staatskirchenrechtlichen Normen des Grundgesetzes.	**18,69**
2. 7. (1 BvR 147, 181, 182/80)	Religiös motivierte Verfolgung als Grund für die Gewährung von politischem Asyl.	**18,209**
1. 9. (2 BvR 197/80)	Übergang von Grundstückseigentum bei Teilung von Kirchengemeinden.	**18,251**
7. 10. (1 BvL 88, 126/78)	Überlegungsfrist nach Kirchenaustrittserklärung.	**18,293**
1981		
12. 2. (1 BvR 567/77)	Anwaltliche Vertretung vor kirchlichem Verwaltungsgericht.	**18,390**
17. 2. (2 BvR 384/78)	Zutrittsrecht betriebsfremder Gewerkschaftsbeauftragter in kirchl. Einrichtungen.	**18,392**
5. 6. (2 BvR 288/81)	Wiederverheiratung Geschiedener als Kündigungsgrund in kirchl. Dienst.	**18,491**
1983		
1. 6. (2 BvR 453/83)	Rechtsweg für Statusklage eines ev. Geistlichen.	**21,132**
5. 7. (2 BvR 514/83)	Rechtsweg in versorgungsrechtl. Streitigkeiten von Kirchenbeamten.	**21,171**
12. 10. (1 BvR 143/80)	Rückzahlung eines Studiendarlehens nach Abbruch des Theologiestudiums.	**21,261**
30. 11. (1 BvR 1016/83)	Art. 2 Abs. 2 u. 3 BayKiStG ist verfassungskonform.	**21,303**
30. 11. (2 BvR 1411/80)	Übertragung kirchl. Grundeigentums aufgrund eines NS-Gesetzes.	**21,304**
13. 12. (2 BvL 13 – 15/82)	Kirchl. Körperschaften d. öffentl. Rechts unterliegen nicht der Umlagepflicht für Konkursausfallgeld.	**21,307**
14. 12. (2 BvR 1268/81)	Zur Verfassungsmäßigkeit der Krankenhausbuchführungsverordnung und des Krankenhausfinanzierungsgesetzes.	**21,316**

1984		
3. 2. (2 BvR 95/84)	Verfassungsbeschwerde gegen kirchengerichtl. Entscheidung.	22,15
30. 3. (2 BvR 1994/83)	Verfassungsbeschwerde gegen das Urteil eines kirchl. Disziplinargerichts.	22.64
4. 5. (2 BvR 1837/83)	Strafrechtlicher Schutz für kirchl. Amtsbezeichnung.	22,88
10. 10. (2 BvR 1987/83)	Beeinträchtigung der Glaubens- u. Gewissensfreiheit als Asylgrund.	22,205
30. 10. (2 BvR 1318/84)	Verfassungsbeschwerde gegen kirchengerichtl. Entscheidung.	22,208
1985		
24. 4. (2 BvF 2, 3, 4/83 u. 2/84)	Neuregelung der Kriegsdienstverweigerung.	23,80
4. 6. (2 BvR 1703, 1718/83, 856/84)	Loyalitätsobliegenheiten kirchl. Arbeitnehmer.	23,10
1986		
14. 5. (2 BvL 19/84)	Zur Kirchenfreiheit im Bereich der Berufsbildung.	24,119
29. 7. (1 BvR 479/86)	Straßenwerbung u. freie Religionsausübung.	24,194
23. 10. (2 BvL 7, 8/84)	Zur Ermächtigung der Kirchen, Kirchgeld zu erheben.	24,267
24. 11. (1 BvR 317/86)	Betrieb einer Videothek an Sonn- u. Feiertagen.	24,291
1987		
12. 1. (2 BvR 160/85)	Zur Freistellung eines Pionierpredigers und Diakons der Zeugen Jehovas vom Zivildienst.	25,5
25. 2. (1 BvR 47/84)	Teilnahme am konfessionsfremden Religionsunterricht.	25,39
8. 4. (1 BvL 8, 16/84)	Unterschiedliche Förderungssätze für private Bekenntnisschulen/Weltanschauungsschulen u. andere Ersatzschulen.	25,100

1. 7. (2 BvR 478, 962/86)	Religiös bedingte Verfolgungsmaßnahmen als Asylgrund.	25,217
12. 11. (2 BvR 1388/87)	Glaubensfreiheit im Strafvollzug.	25,352

B. Verfassungs- und Staatsgerichtshöfe der Länder

I. Badischer Staatsgerichtshof

1950		
23. 1. (StGH 4/49)	Zur Frage des religiösen Bekenntnisses der Lehrer im badischen Schulrecht.	1,75

II. Bayerischer Verfassungsgerichtshof

1951		
21. 12. (Vf. 104 - IV - 50)	§ 8 Abs. 2 und §§ 13, 17 des bayerischen Schulorganisationsgesetzes widersprechen nicht der bayerischen Verfassung.	1,213
1954		
25. 6. (Vf. 124 - VII - 52)	§ 5 Abs. 2 Satz 2 und 3 des bayerischen Schulpflegegesetzes vom 27. 7. 1948 sind nichtig.	2,269
1955		
13. 1. (Vf. 122 - VII - 53)	Röntgenreihenuntersuchung, eine Einschränkung der Religionsfreiheit?	3,3
1957		
2. 12. (Vf. 104 - VII - 56)	Die Erhebung von Kirchensteuer aus der Hälfte der Einkommensteuer zusammenveranlagter Ehegatten, von denen der eine der steuerberechtigten Religionsgemeinschaft nicht angehört, ist mit der bayerischen Verfassung vereinbar.	4,239

1958		
21. 3. (Vf. 15 - VIII - 57)	Das Besteuerungsrecht der Kirchen verstößt weder gegen das Gebot einer Staatskirche noch gegen den Gleichheitsgrundsatz.	4,301
1959		
6. 10. (Vf. 1 - VII - 59)	Zur Verfassungsmäßigkeit des § 7 bay. Schulorganisationsgesetz.	5,91
1960		
10. 3. (Vf. 80 - VII - 57)	Zur Verfassungsmäßigkeit des Schutzes konfessioneller Feiertage.	5,155
1964		
26. 11. (Vf. 10 - VII - 62)	Die Eidespflicht der Beamten und Angestellten im öffentlichen Dienst verstößt nicht gegen das Recht auf Glaubens- und Gewissensfreiheit, auf Achtung der Menschenwürde und auf Meinungsfreiheit.	7,112
1965		
8. 11. (Vf. 52- VI - 64)	Die Zulassung der Besuche eines Laienpredigers der Zeugen Jehovas nur in Gegenwart eines Anstaltsbeamten und die zeitliche Beschränkung dieser Besuche beeinträchtigen nicht die verfassungsmäßigen Rechte eines Strafgefangenen.	7,299
1966		
20. 7. (Vf. 72 - VI - 65)	Verfassungswidrigkeit der konfessionsgebundenen Ausschreibung einer Schulratstelle.	8,132
1967		
20. 3. (Vf. 109 - VIII - 66)	Die Einrichtung sog. Minderheitenlehrer in Bayern ist verfassungsgemäß.	9,50
10. 5. (Vf. 94 - VI - 66)	Verpflichtung zur Zeugenaussage in einem mit Wandkreuz ausgestatteten Gerichtssaal.	9,114
14. 7. (Vf. 35 - VII - 67)	Errichtung von Gemeinschaftsschulen in Bayern, Berücksichtigung religiöser und weltanschaulicher Minderheiten in Bekenntnisschulen.	9,173

7. 8. (Vf. 56 - VII - 65)	Kirchensteuer nach Steuersatz für Geschiedene trotz kirchenrechtlichen Fortbestandes der Ehe.	9,210
18. 9. (Vf. 47 - VII - 67)	Die Vorschriften des Bay. Volksschulgesetzes betr. Bekenntnisminderheiten an Konfessionsschulen sind verfassungsgemäß.	9,227
17. 10. (Vf. 134 - VII - 66)	Verfassungsmäßigkeit des Kirchenlohnsteuereinzugsverfahrens.	9,245
7. 11. (Vf. 48 - VI - 67)	Pädagogische Hochschulen mit Bekenntnischarakter sind verfassungsgemäß.	9,273
1968		
2. 1. (Vf. 123 - VII - 67)	Die Haftung des Arbeitgebers für die Kirchensteuer verstößt nicht gegen die Bayerische Verfassung.	10,1
12. 3. (Vf. 127 - VII - 67)	Zum Austritt aus steuerberechtigten Religionsgemeinschaften und ihrer Wirkung im staatlichen Bereich.	10,21
17. 4. (Vf. 109 - VII - 67)	Verfassungsmäßigkeit des bay. Gesetzes über den Schutz der Sonn- und Feiertage vom 15. Dezember 1949.	10,51
18. 4. (Vf. 122 - VII - 67)	Art. 1 des bay. Kirchensteuergesetzes ist nicht verfassungswidrig.	10,61
29. 7. (Vf. 125 - VII - 67)	Art. 8 des bay. Kirchensteuergesetzes ist nicht verfassungswidrig.	10,120
2. 8. (Vf. 124 - VII - 67)	Die besonderen Bestimmungen des bay. Kirchensteuergesetzes über die Erhebung der Kirchenlohnsteuer für kleinere Religionsgemeinschaften verstoßen nicht gegen die Bayerische Verfassung.	10,131
5. 8. (Vf. 21 - VII - 68)	§ 2 des bay. Gesetzes über den Schutz der Sonn- und Feiertage ist nicht verfassungswidrig.	10,138
20. 9. (Vf. 16 - VII - 68)	Verfassungsmäßigkeit der Bestimmungen des bay. Kirchensteuergesetzes über die Kirchengrundsteuer.	10,161

7. 10. (Vf. 15 - VII - 68)	Die Art. 20, 21 und 22 des bay. Kirchensteuergesetzes sind nicht verfassungswidrig.	10,171
23. 12. (Vf. 33 - VII - 68)	Zulässigkeit des Verbots von Tanzveranstaltungen in der Advents- und Fastenzeit.	10,245
1969		
2. 4. (Vf. 131 - VII - 68)	Unzulässigkeit einer Popularklage gegen die Errichtung einer Bekenntnisschule.	10,380
1970		
25. 5. (Vf. 122 - VII - 69)	Unzulässigkeit einer erneuten Popularklage gegen das Bay.KiStG.	11,213
21. 7. (Vf. 42 - VII - 67)	Berechnung der Kirchenlohnsteuer nach dem Halbteilungsgrundsatz in konfessionsverschiedener Ehe.	11,244
1971		
22. 6. (Vf. 64 - VII - 70)	Art. 8 des Bay.KiStG i.d.F. der Bekanntmachung vom 15. 3. 1967 (GVBl. S. 317) ist verfassungskonform.	12,192
27. 10. (Vf. 137 - VII - 69)	Ausschluß der Strafsanktion für den Bruch des Steuergeheimnisses in bezug auf Kirchensteuer.	12,310
1972		
14. 11. (Vf. 39 - VII - 71)	Kirchensteuer bei glaubensverschiedener Ehe.	13,74
1976		
4. 11. (Vf. 18 - VII - 73)	Zur Frage der Verfassungsmäßigkeit des bay. Kindergartengesetzes vom 25. 7. 1976.	16,365
1980		
11. 4. (Vf. 17 - VII - 77)	Zur verfassungsrechtlichen Zulässigkeit sog. Konkordatslehrstühle.	18,125
1982		
25. 2. (Vf. 2 - VII - 81)	Zur Verfassungsmäßigkeit des Schutzes kirchl. Feiertage.	19,225

1984		
9. 11. (Vf. 3 - VII - 83)	Zur Verfassungsmäßigkeit des bay. Feiertagsgesetzes.	**22**,232
28. 12. (Vf. 10 - VII - 81)	Zur verfassungsrechtlichen Beurteilung der Abgrenzung von kirchl. zu kommunalen u. allgemeinen Stiftungen.	**22**,293

III. Staatsgerichtshof Bremen

1965		
23. 10. (St. 2 u. 4/1964, 1/1965)	Zum Unterricht in biblischer Geschichte auf allgemein christlicher Grundlage gemäß Art. 32 der bremischen Landesverfassung.	**7**,260
1975		
15. 1. (St 3/1973)	Beurlaubung von Kirchenbeamten für die Dauer eines Abgeordnetenmandats.	**14**,216

IV. Hessischer Staatsgerichtshof

1965		
27. 10. (P St. 388)	Zur Vereinbarkeit des Schulgebetes in den hessischen öffentlichen Schulen mit der Hessischen Verfassung.	
1985		
28. 2. (P St. 1005)	Sexualkundeunterricht.	**23**,17

V. Niedersächsischer Staatsgerichtshof

1972		
13. 7. (StGH 1/71)	Übernahme der Bewirtschaftung der Forsten des Allgemeinen Hannoverschen Klosterfonds durch die Landesforstverwaltung.	**13**,2

VI. Verfassungsgerichtshof Nordrhein-Westfalen

1970		
1. 6. (VGH 46/69)	Bestimmung der Schulart bei Zusammenlegung zweier Grundschulen.	11,226
1982		
16. 4. (VerfGH 17/78)	Kommunale Kirchenbaulast und Selbstverwaltungsgarantie.	20,2

VII. Verfassungsgerichtshof Rheinland-Pfalz

1953		
28. 9.	Art. 29 Abs. 4 der Verfassung des Landes Rheinland-Pfalz ist geltendes und unmittelbar anwendbares Recht.	2,144

C. ORDENTLICHE GERICHTE

I. Bundesgerichtshof

1951		
11. 12. (V BLw 121/50)	Erwerb landwirtschaftlicher Grundstücke durch eine kirchliche Stiftung.	1,197
1952		
2. 3. (II ZR 77/51)	Voraussetzungen einer wirksamen Vollmacht nach § 14 Satz 2 des Vermögensverwaltungsgesetzes vom 14. Juli 1924; Umfang der Genehmigungspflicht von Verträgen mit katholischen Kirchengemeinden durch die bischöfliche Behörde nach § 21 des Gesetzes vom 24. Juli 1924 i. Verb. mit der Anordnung des Preußischen Kultusministers vom 20. 2. 1928.	1,248

20. 5. (V BLw 75/51)	Genehmigungsbedürftigkeit des Erbschaftserwerbs einer katholischen Kirchengemeinde.	1,271
13. 6. (V ZR 62/51)	Vermögensrechtliche Auseinandersetzung von Kirche und Schule.	1,294
3. 12. (V ZB 1/51)	Verfügungsbefugnis der früheren Finanzabteilung bei einem Landeskirchenamt über das Vermögen von Pfarren und Pfarrwitwentümern.	1,332
1953		
8. 5. (V ZR 132/51)	Übergang lokalisierter Rechte und Pflichten bei einer Gebietsabtretung.	2,64
1954		
18. 2. (III ZR 311/52)	Das kirchliche Verfassungsrecht unterliegt nicht der Nachprüfung durch die Gerichte.	2,189
13. 7. (V ZR 166/52)	Nichtzulassung von Leichenbestattern zu gewerblicher Betätigung auf kirchlichen Friedhöfen.	2,288
26. 11. (V ZR 181/52)	Umfang der Vertretungsbefugnis einer ehemaligen Finanzabteilung bei Veräußerung von Kirchenland.	2,396
1955		
14. 1. (V ZR 43/52)	Wesen und Umfang von Kirchenlasten; Einfluß zeitbedingter Bedürfnisse auf die Verpflichtung des Trägers der Kirchenlast.	3,6
20. 9. (V ZR 202/54)	Ansprüche gegen den Patron auf finanzielle Leistungen, die auf der staatlichen Gesetzgebung beruhen, können im ordentlichen Rechtsweg verfolgt werden.	3,140
28. 10. (2 StR 171/55)	Sind in der Vermögensverwaltung der Kirche tätige Bedienstete einer Kirchengemeinde Beamte im strafrechtlichen Sinne?	3,170
3. 11. (III ZR 148/54)	Zur Anwendbarkeit des Art. 131 GG und der zu seiner Durchführung erlassenen Gesetze auf Kirchenbeamte.	3,184

18. 11. (V ZR 47/54)	Ausschluß von Berufsgärtnern auf kirchlichen Friedhöfen.	3,206
1956		
7. 3. (V ZR 123/54)	Zur Vertretungsbefugnis einer Finanzabteilung bei den Verwaltungsbehörden der evangelischen Landeskirchen.	3,252
26. 4. (4 StR 114/56)	Beschimpfender Unfug in einem Kirchenvorraum.	3,297
25. 9. (IV ZB 96/56)	Verweigerung der Einwilligung zur Eheschließung einer Minderjährigen aus religiösen Gründen.	3,361
11. 10. (V BLw 20/56)	Zur Frage der Wirtschaftsfähigkeit von Kirchengemeinden beim Erwerb landwirtschaftlicher Grundstücke.	3,385
17. 12. (III ZR 89/55)	Ansprüche aus Amtspflichtverletzungen kirchlicher Beamter.	3,430
1957		
16. 1. (V ZR 94/55)	Zahlung des sog. linksrheinischen Staatsgehaltes an Pfarrer neu errichteter katholischer Pfarrstellen.	4,1
18. 9. (V ZR 153/56)	Zur Zulässigkeit der Erhebung von Erneuerungsgebühren für Erbbegräbnisse von unbegrenzter Dauer auf kirchlichen Friedhöfen.	4,152
2. 10. (V ZR 173/55)	Wiederkehrende Leistungen i. S. des § 18 Abs. 1 Nr. 1 UmstG sind auch jährliche Zahlungen des Staates oder kommunaler Verbände an eine Kirchengemeinde, die aufgrund einer anläßlich der Säkularisation übernommenen Verpflichtung zu leisten sind.	4,166
12. 11. (V BLw 30/57)	Zur Frage der ungesunden Verteilung der Bodennutzung beim Erwerb landwirtschaftlichen Grundbesitzes durch eine Kirchengemeinde.	4,182

27. 11. (V ZR 24/56)	Die Kirchenbaulast schließt u. U. auch die Pflicht zum Bau eines selbständigen zusätzlichen Kirchenraumes an einem anderen Orte der Kirchengemeinde ein.	4,224
1958		
9. 7. (V ZR 281/56)	Staatliche Gerichte sind berechtigt, die Vertretungsbefugnis kirchlicher Amtsträger nachzuprüfen.	4,319
1959		
28. 10. (V ZR 70/58)	Zur Gültigkeit des Art. 1 Abs. 3 des preußischen Staatsgesetzes betr. Anordnung kirchlicher Neu- und Reparaturbauten in katholischen Diözesen vom 24. 11. 1925.	5,108
1960		
2. 3. (V ZR 131/58)	Zuschußverpflichtung einer politischen Gemeinde zum Besoldungsaufwand einer Kirchengemeinde.	5,145
6. 4. (IV ZR 276/59)	Religionswechsel eines Ehegatten als Eheverfehlung.	5,163
28. 10. (IV ZR 172/60)	Bedeutung des religiösen Grundsatzes der Unauflöslichkeit der Ehe im staatlichen Eherecht.	5,245
18. 11. (IV ZR 205/60)	Entschädigungsanspruch verfolgter Angehöriger eines religiösen Ordens.	5,260
18. 11. (IV ZR 78/60)	Entschädigungsanspruch eines Ordensangehörigen wegen Berufsschaden.	5,264
28. 11. (III ZR 200/59)	Ein Geistlicher, der an öffentlichen Schulen in Bayern Religionsunterricht erteilt, führt eine öffentliche Aufgabe aus, die ihm vom Staat übertragen worden ist.	5,270
1961		
16. 3. (III ZR 17/60)	Streitigkeiten über vermögensrechtliche Ansprüche kirchlicher Amtsträger werden durch kirchengesetzliche Zuweisung an kirchliche Gerichte der staatlichen Jurisdiktionsgewalt entzogen.	5,291

3. 5. (IV ZR 168/60)	Entschädigungsanspruch eines Verfolgten, der im Dienst von Religionsgesellschaften geschädigt worden ist.	5,306
23. 6. (5 StR 573/60)	Zur Prüfung der Frage, ob durch eine künstlerische Darstellung Einrichtungen oder Gebräuche einer christlichen Kirche beschimpft werden.	5,311
8. 11. (IV ZR 91/61)	Anspruch auf Kapitalentschädigung wegen des Verlustes der Stellung als Kultusbeamter.	5,354
1962		
7. 5. (III ZR 20/61)	Versorgungsansprüche aus einem Kirchenbeamtenverhältnis.	6,79
28. 5. (III ZR 1/61)	Entwidmung oder Schließung eines kirchlichen Friedhofes als entschädigungspflichtiger enteignender Eingriff.	6,104
24. 10. (IV ZR 81/62)	Unter welchen Voraussetzungen stellt ein Wechsel der Glaubensgemeinschaft eine schwere Eheverfehlung dar?	6,143
28. 11. (V ZR 83/61)	Zur Prüfungspflicht hinsichtlich des Rechtsweges zu einer anderen Gerichtsbarkeit.	6,171
6. 12. (VII ZR 172/59)	Zuständigkeit der Verwaltungsgerichte zur Entscheidung über Fragen der Judiziabilität und der Vollstreckbarerklärung von Schiedssprüchen bei innerkirchlichen Angelegenheiten.	6,184
19. 12. (V ZR 134/61)	Voraussetzungen für die Annahme des Außerkrafttretens eines Vergleiches über Patronatsverpflichtungen.	6,186
1963		
28. 5. (V BLw 34/62)	Zur Genehmigungsfreiheit gem. § 4 Nr. 2 Grundstücksverkehrsgesetz in Fällen, in denen das kirchliche Vermögen im Eigentum selbständiger Rechtsträger steht.	6,234
27. 6. (III ZR 197/61)	Zur Verkehrssicherungspflicht der Kirchengemeinden auf kirchlichen Friedhöfen.	6,259

10. 7. (V ZR 87/62)	Ablösung einer öffentlich-rechtlichen Verpflichtung durch eine bürgerlich-rechtliche Verpflichtung.	6,296
2. 10. (V ZR 150/61)	Umfaßt die Kirchenbaulast einer politischen Gemeinde auch die Verpflichtung zur Kostentragung für einen Erweiterungsbau der Kirche?	6,325
1964		
12. 2. (IV AR [VZ] 39/63)	Zur Anwendung spanischen Eherechts bei der Eheschließung eines katholischen Spaniers mit einer geschiedenen Deutschen.	7,24
19. 2. (V ZR 168/61)	Fortbestand einer zur Sicherung der Pfarrwitwenversorgung vertraglich übernommenen Verpflichtung einer Zivilgemeinde.	7,46
30. 9. (V ZR 86/62)	Inhalt und Umfang einer auf Herkommen beruhenden Kirchenbaulast sowie Anwendung des § 242 BGB.	7,100
2. 12. (IV ZR 339/63)	Zur Frage, unter welchen Voraussetzungen eine Tätigkeit im Dienste der Glaubensgemeinschaft der Zeugen Jehovas eine schwere Eheverfehlung darstellen kann.	7,126
1965		
22. 1. (IV ZB 441/64)	Gültigkeitsvoraussetzungen einer in Deutschland erfolgten Eheschließung griechischer Staatsangehöriger orthodoxen Glaubens.	7,159
9. 11. (1 StR 426/65)	Eine Kreuzigungsgruppe kann Teil eines Grabmals sein, auch wenn ein Hinweis auf den Namen des Toten fehlt.	7,305
1966		
3. 5. (1 StR 506/65)	Zum Begriff der dem Gottesdienst gewidmeten Gegenstände.	8,74
21. 6. (VI ZR 261/64)	Zur Rechtswidrigkeit gewerbeschädigender Werturteile im Meinungskampf („Höllenfeuer"-Urteil).	8,95

14. 7. (IV ZB 158/66)	Zur entschädigungsrechtlichen Behandlung des Benutzungsrechts an Synagogenplätzen.	8,123
19. 9. (III ZR 199/64)	Rechtsweg für vermögensrechtliche Ansprüche von Pfarrern in der Evangelischen Kirche von Westfalen.	8,159
21. 10. (Ib ZR 138/64)	Beschaffenheit von Kerzen für die Unterhaltung des „Ewigen Lichtes".	8,209
1967		
22. 3. (IV ZR 148/65)	Anordnung der Trennung von Tisch und Bett durch ein deutsches Gericht bei Klage von Ausländern.	9,64
12. 4. (IV ZR 328/65)	Religiös motivierte Bindung an die Ehe.	9,97
28. 9. (III ZR 45/66)	Zuständigkeit der Verwaltungsgerichte für Streitigkeiten über vermögensrechtliche Ansprüche kirchlicher Amtsträger.	9,233
1971		
12. 1. (IX ZB 418/70)	Zur Frage entschädigungsrechtlicher Ansprüche rumänischer Staatsangehöriger bei formwidriger Eheschließung nach rumänischem Recht.	12,1
14. 1. (IV ZB 14/69)	Kindesanerkennung nach islamischem Recht.	12,19
12. 5. (IV AR [Vz] 38/70)	Ausländisches Eheverbot der Religionsverschiedenheit u. deutscher ordre public.	12,159
30. 6. (IV ZR 47/70)	Haftpflichtausschluß gem. § 4 Abs. 1 Nr. 6 b AHB bei der Bearbeitung der Holzkonstruktion eines Kirchendachstuhls.	12,196
9. 9. (1 StR 317/71)	Eidesgleiche Beteuerungsformel.	12,292
1972		
25. 2. (V ZR 160/69)	In Deutschland belegenes Tafelgut des Metropoliten der Kirchenprovinz Lemberg der griechisch-katholischen Kirche.	12,377

19. 4. (IV ARZ [Vz] 7/72)	Eheschließung zwischen einem geschiedenen Spanier katholischer Konfession und einer Deutschen.	12,430
1974		
22. 2. (I ZR 128/72)	Urheberrechte eines Ordensangehörigen.	14,21
12. 7. (I ZR 68/73)	Die Vergütungspflichtigkeit von Werknutzungen, die mittelbar die Erwerbsinteressen eines Altenheimträgers fördern.	14,116
1976		
17. 5. (Anw Z [B] 25/75)	Zur Frage, ob der Justitiar bei einem Bischöflichen Offizialat als Rechtsanwalt zugelassen werden kann.	15,261
13. 7. (III ZR 101/74)	Ruherechtsentschädigung gemäß § 3 GräberG.	15,275
1977		
29. 3. (VI ZR 64/76)	Haftungskonkurrenz von Grabstelleninhaber und Friedhofsträger.	16,97
13. 9. (1 StR 389/77)	Ausübung der Heilkunde durch sog. Wunderheiler.	16,182
8. 11. (IX ZB 64/75)	Zum Begriff der Eheschließung im Sinne von § 150 Abs. 3 BEG.	16,228
1979		
17. 10. (2 StR 791/78)	Erlaubnispflicht von Straßensammlungen einer Religionsgemeinschaft mit privatrechtlichem Status.	17,345
12. 12. (IV ZB 65/79)	Anwendbarkeit von Rechtssätzen religiösen Rechts im weltlichen Rechtskreis bei Auslandsberührung.	17,384
1980		
19. 9. (V ZR 132/78)	Hoheitl. Eigentumszuweisung an russ.-orth. Kirchenvereinigung in Deutschland.	18,273

1981		
19. 6. (I ZR 100/79)	Unlauterer Wettbewerb durch Werbung für kirchl. Versicherungsdienst.	18,492
2. 10. (I ZR 137/79)	Urheberrecht des Architekten an der Gestaltung des Kircheninnenraumes.	19,67
1984		
25. 5. (V ZR 149/83)	Ist die Glocke eines Kapellengebäudes wesentlicher Bestandteil oder Zubehör?	22,104
1985		
5. 11. (1 StR 491/85)	Pfarrer, Anvertrautsein von Schutzbefohlenen.	23,233

II. Oberster Gerichtshof für die Britische Zone

1949		
5. 10. (IIa ZS 26/49)	Grundstücksveräußerung durch eine ehem. Finanzabteilung bei einem Landeskirchenamt.	1,54

III. Bayerisches Oberstes Landesgericht

1951		
29. 5. (BReg. Nr. II 54/1951)	Übertragung des Sorgerechts bei Verschiedenheit des religiösen Bekenntnisses zwischen Kind und Elternteil.	1,166
1952		
7. 10. (BReg. 1 Z 129/51)	Entstehung kirchlicher Baulasten durch erwerbende Verjährung im Geltungsbereich des ALR.	1,315
1956		
17. 2. (BReg. 1 Z 186/1955)	Grenzen der Entscheidungsbefugnis des Vormundschaftsgerichts in Fragen der religiösen Kindererziehung.	3,246

9. 10. (BReg. 2 Z 127/1956)	Einlegung einer weiteren Beschwerde nach § 29 FGG durch eine kirchliche Aufsichtsbehörde.	3,382
1960		
25. 11. (Allg. Reg. 71/60)	Auch der Wohnsitz eines Ordensangehörigen bemißt sich nach bürgerlichem Recht.	5,268
1961		
21. 3. (BReg. 1 Z 80/60)	Religiöse Kindererziehung und Art. 4 GG.	5,300
1962		
28. 12. (BReg. 1 Z 6/62)	Übertragung der elterlichen Gewalt auf einen Elternteil und religiöse Erziehung des Kindes.	6,194
1965		
12. 11. (BReg. 1b Z 114/65)	Zum Begriff der Erziehung in einem anderen Bekenntnis als bisher i. S. des § 2 Abs. 2 RKEG.	7,306
1966		
4. 1. (BReg. 2 Z 35/65)	Personenstandsrechtliche Folgen einer in Deutschland erfolgten kirchlichen Eheschließung griechischer Staatsangehöriger orthodoxen Glaubens.	8,1
19. 1. (BReg 1a Z 52/65)	Berücksichtigung des Bekenntnisses bei der Auswahl des Vormunds.	8,9
20. 5. (BReg. 1a Z 167/65)	Zur Frage des Rechtsweges für Ansprüche aus einer Kirchenbaulast im früheren Geltungsbereich des ALR.	8,82
1967		
6. 4. (BReg. 1a Z 236/65)	Entstehung und Verkehrsfähigkeit einer res sacra.	9,80
1972		
21. 4. (RReg. 4 St. 47/72)	Genehmigungsfähigkeit der Bezeichnung „Doctor of Divinity“.	12,463

1973		
30. 11. (BReg. 2 Z 46/73)	Selbstkontrahierungsrecht des Bischofs für Diözesanvermögen.	**13,405**
1975		
23. 1. (4 Ob OWi 7/75)	Nichtgewerbliches Autowaschen an Sonn- u. Feiertagen.	**14,235**
25. 7. (BReg. 3 Z 89/75)	Keine Kostenbefreiung oder Gebührenvergünstigung für kirchl. Einrichtungen in Bayern.	**15,8**
25. 9. (1 Z 55/75)	Zur Frage der Trennung des Rechts z. religiösen Kindererziehung von der elterlichen Gewalt.	**15,48**
1979		
23. 8. (BReg 2 Z 14/79)	Satzungsrechtlich bestimmte Einflußrechte des Diözesanbischofs auf einen eingetragenen Verein.	**17,297**
1980		
12. 12. (RReg. 2 Z 146/79)	Widmung u. Herausgabe einer res sacra.	**18,358**
1981		
11. 12. (BReg. 1 Z 51/81)	Löschung der Angaben über Religionszugehörigkeit im standesamtlichen Heiratsbuch.	**19,179**
1982		
25. 2. (BReg. 1 Z 139/81)	Anerkennung einer sog. Privatscheidung (hier: talaq).	**19,243**
10. 11. (2 Ob OWi 138/82)	Betrieb einer Spielhalle am Karfreitag.	**20,187**
1985		
23. 9. (BReg. 3 Z 36/84)	Befreiung von Gerichtsgebühren.	**23,189**

1987		
26. 5. (AR 3 Z 42/87)	Binnenstruktur kirchl. Vereine.	25,199
25. 6. (BReg. 2 Z 68/86)	Eigentümerversammlung am Sonntagvormittag.	25,212
21. 12. (3 Ob OWi 184/87)	Gewerblicher Flohmarkt an Sonn- u. Feiertagen.	25,397

IV. Oberlandesgerichte

1948		
19. 12. OLG Celle (4 W 105/48)	Kirchenbehördliche Genehmigung bei Veräußerung von Kirchenland.	1,29
1949		
1. 3. OLG Hamm (4 a U 289/48)	Rechtsgültigkeit der „Ordnung für das Verfahren bei Verletzung von Amtspflichten der Geistlichen“.	1,37
16. 3. OLG Köln (2 WLw 5/49)	Genehmigung eines Grundstücksveräußerungsvertrages, der die erwerbende Kirchengemeinde verpflichtet, Seelenmessen lesen zu lassen.	1,38
18. 3. OLG Celle (1 Wx 9/48)	Zur Wirksamkeit einer Erklärung über den Kirchenaustritt.	1,40
4. 8. OLG Stuttgart (Rest M 123 [13], Sen. 1/49)	Zur Frage des Anfechtungsrechtes von Angehörigen und Organisationen der kath. Kirche nach Art. 4 des Rückerstattungsgesetzes.	1,48
15. 12. OLG Freiburg (2 W 57/49)	Die Berücksichtigung des religiösen Bekenntnisses bei der Sorgerechtsverteilung.	1,68
1950		
23. 3. OLG Celle (1 U 78/49)	Vertretung der Landeskirche durch die ehemalige Finanzabteilung.	1,88
13. 6. OLG München (2 W 728/50)	Rücksichtnahme auf das religiöse Bekenntnis bei der Auswahl des Vormunds.	1,105

25. 8. OLG Saarbrücken (2 W 68/50)	Kann eine Mutter ihr Kind ohne Einverständnis des Vaters kath. taufen lassen?	1,138
1951		
19. 6. KG Berlin	Die Regelung des Besoldungsrechts liegt im Rahmen der kirchlichen Autonomie.	1,167
5. 7. OLG Hamburg (3 U 368/50)	Übergang lokalisierter Rechte und Pflichten bei einer Gebietsabtretung.	1,169
30. 11. OLG Oldenburg (2 W 225/51)	Ist der Ausschluß von der Erbfolge bei Abfall vom Glauben sittenwidrig?	1,194
1952		
31. 1. OLG Celle (1 U 189/50)	Wesen und Umfang von Kirchenlasten; Einfluß zeitbedingter Bedürfnisse auf die Verpflichtung des Trägers der Kirchenlast.	1,234
25. 4. KG Berlin (6 W 692/52)	Besoldungsanspruch eines Pfarrers im Bereich der Evangelischen Kirche der altpreußischen Union gegen die Gesamtkirche.	1,257
9. 5. OLG München (Ber. Reg. 5 U 703/51)	Nichtzulassung von Leichenbestattern zu gewerblicher Betätigung auf kirchlichen Friedhöfen.	1,261
3. 6. OLG Braunschweig (2 W 96/52)	Der Kirchenvorstand ist Behörde im Sinne von § 80 GBO; Unbedenklichkeitsbescheinigung des Finanzamtes bei Eigentumsumschreibung im Rückerstattungsverfahren.	1,286
11. 9. OLG Schleswig (3 WLw 42/52)	Übertragung landwirtschaftlicher Grundstücke, die durch Testament einer Kirchengemeinde vermacht werden.	1,312
1953		
20. 2. KG Berlin (2 W 2084/52)	Zur Frage des Fortbestehens deutscher evangelischer Kirchengemeinden aus dem Gebiet jenseits der Oder-Neiße-Linie.	2,17
4. 6. OLG Bremen (3 [1] U 214/52)	Zur Nachprüfbarkeit der Amtsenthebung eines Pfarrers durch die ordentlichen Gerichte.	2,91

1954		
1. 3. OLG Stuttgart (7 W 33/54)	Der gesetzwidrig herbeigeführte Religionswechsel eines Kindes kann nicht negiert werden, wenn er seine religiöse Erziehung faktisch bestimmt hat.	2,211
13. 3. OLG Düsseldorf (3 W 14/54)	Bei Errichtung einer Kirchengemeinde vollzieht sich der Eigentumsübergang von Grundvermögen der Mutterpfarre nicht außerhalb des Grundbuchs.	2,214
13. 4. OLG Braunschweig (1 U 56/53)	Zur Vertretungsbefugnis einer ehemaligen Finanzabteilung bei einem Landeskirchenamt.	2,229
5. 5. OLG Celle (3 U 264/53)	Haftung einer Kirchengemeinde für Unfälle auf dem Pfarrhof.	2,250
11. 6. KG Berlin (6 W 4446/53)	Der ordentliche Rechtsweg ist für vermögensrechtliche Ansprüche eines Pfarrers aus einem Anstellungsverhältnis zulässig.	2,256
16. 6. OLG Bremen (3 U 116/54)	Zur Tatbestandswirkung kirchenbehördlicher Verwaltungsakte.	2,263
13. 9. OLG Karlsruhe (3 Wb 1/54)	Genehmigungsvoraussetzungen für einen Landerwerb durch die sog. tote Hand.	2,319
13. 10. OLG Hamm (13 RW 503/51)	Rückerstattung eines Schulgebäudes, das früher im Eigentum einer katholischen Schulgemeinde stand.	2,324
25. 10. OLG Celle (1 U 76/54)	Der ordentliche Rechtsweg ist für Streitigkeiten in Friedhofssachen zulässig.	2,360
26. 10. OLG Hamburg (1 W 124/54)	Durch Art. 140 GG ist es den staatlichen Gerichten verboten, durch den Erlaß einer einstweiligen Verfügung auf die Besetzung kirchlicher Ämter Einfluß zu nehmen.	2,366
29. 10. OLG Hamm (6 U 298/53)	Durch die Kirchensteuergesetzgebung des Landes Nordrhein-Westfalen sind die auf besonderer Rechtsgrundlage beruhenden Ansprüche der Kirchengemeinden nicht untergegangen.	2,374

5. 11. OLG Hamm	Die auf besonderen Rechtstiteln beruhenden Staatsleistungen und Leistungsverpflichtungen der politischen Gemeinden sind durch die Kirchensteuergesetzgebung des Landes NRW nicht abgelöst.	2,390
9. 11. OLG Stuttgart (6 U 49/54)	Ein Ehegatte, der durch seinen Religionswechsel die Glaubenseinheit der Ehe aufgibt, begeht keine Eheverfehlung.	2,394
29. 12. OLG Schleswig (2 U 88/54)	Die Versetzung eines Pfarrers unterliegt nicht der Nachprüfung durch staatliche Gerichte.	2,417
1955		
11. 5. OLG Hamm (10 WLw 9/55)	Erwerb von landwirtschaftlich genutzten Grundstücken durch ein auf gemeinnütziger Grundlage ruhendes Krankenhaus, das nebenbei Landwirtschaft betreibt.	3,68
1. 7. KG Berlin (6 U 718/55)	Der ordentliche Rechtsweg ist für vermögensrechtliche Ansprüche eines Pfarrers zulässig.	3,102
14. 7. OLG Celle (1 U 39/55)	Zur Frage des Rechtsweges für Streitigkeiten um die Kirchenbaulast und um die sog. Ausstattungshilfe.	3,110
1956		
7. 9. OLG Hamburg (1 U 1/56)	Klage auf Herausgabe von Kirchenglocken und Glockenbruch, die zu Rüstungszwekken abgeliefert werden mußten.	3,344
7. 12. OLG Hamm (6 U 159/56)	Kündigung der Zulassung von Ärzten seitens eines der Kirchengemeinde gehörigen Krankenhauses.	3,412
1957		
10. 5. KG Berlin (6 U 828/56)	Kirchliche Verwaltungsakte, die verwaltungsmäßige Maßnahmen im beamtenrechtlichen Bereich zum Gegenstand haben, unterliegen insoweit der Nachprüfung durch die ordentlichen Gerichte, als es festzustellen gilt, ob sie auf einer wirksamen Rechtsgrundlage beruhen.	4,98

27. 5. OLG Celle (1 U 188/56)	Inhalt und Umfang der staatlichen Baulast hinsichtlich einer kriegszerstörten Domkirche.	4,109
9. 12. OLG Frankfurt (6 Wb 19/57)	Genehmigungsvoraussetzungen zum Erwerb landwirtschaftlicher Grundstücke durch eine Kirchengemeinde.	4,268
1958		
16. 10. OLG Stuttgart (3 U 65/58)	Zur Nichtigkeit eines Vertrages, durch den eine Kirchengemeinde einem gewerblichen Leichenbestattungsunternehmen das ausschließliche Recht zum Überführen Verstorbener einräumt.	4,351
1959		
8. 7. OLG Stuttgart (6 W 23/59)	Die Fähigkeit zur Eingehung einer nach katholischem Kirchenrecht gültigen Ehe stellt keine persönliche Eigenschaft i. S. von § 32 EheG dar.	5,63
11. 8. OLG Hamm (14 W 94/59)	Befreiung einer Religionsgesellschaft von Gerichtsgebühren.	5,68
1. 10. OLG Bamberg (2 U 56/59)	Die feierliche Profeß eines Ordensangehörigen hat nur kirchenrechtliche Bedeutung.	5,78
1960		
22. 1. OLG Stuttgart (8 W 304/59)	Die Bestimmung über die religiöse Erziehung eines Kindes.	5,124
1961		
30. 10. OLG München (W XV 272/61)	Genehmigung des Grundstückserwerbs einer Kirchenstiftung.	5,352
1962		
19. 2. OLG Braunschweig (2 W 44/60)	Zum Recht der Einsicht in die Personenstandsbücher durch Kirchenbehörden.	6,24
5. 3. OLG Hamburg (Ws 244/61)	Zum Begriff der Gotteslästerung i. S. des § 166 StGB.	6,41

9. 3. OLG Köln (Zs 666/60)	Meineid vor einem kirchlichen Ehegericht.	6,45
13. 4. OLG Frankfurt (6 W 13/62)	Bekenntnisungleichheit bei der Bestellung eines Vormunds.	6,69
25. 6. OLG Celle (5 VAa 3/62)	Für eine Spanierin katholischen Glaubens, die in Deutschland einen Deutschen heiraten will, gilt kanonisches Eherecht.	6,109
23. 11. OLG Nürnberg (4 U 78/62)	Zur bürgerlich-rechtlichen Haftung der Eltern für die Kirchensteuerschuld ihres Sohnes.	6,162
23. 11. OLG Nürnberg (2 W 136/62)	Grenzen des Aussageverweigerungsrechtes eines Seelsorgers.	6,168
1963		
29. 1. OLG Braunschweig (2 W 143/62)	Die religiöse Erziehung muß auf das Wohl des Kindes abgestellt sein.	6,207
8. 2. KG Berlin (2 U 1556/62)	Besteuerung des kirchenangehörigen Ehegatten nach Maßgabe der Hälfte der Einkommensteuerschuld beider zusammenveranlagter Ehegatten.	6,210
10. 5. OLG Bremen (Ss 18/63)	Ist ein Prediger der Religionsgemeinschaft der Zeugen Jehovas Geistlicher i. S. von § 11 Abs. 1 Ziff. 3 Wehrpflichtgesetz?	6,230
5. 6. OLG Celle (5 Wx 34/63)	Die von spanischen Staatsangehörigen vor einem deutschen katholischen Pfarrer in Deutschland geschlossene Ehe ist nach deutschem Recht eine Nichtehe.	6,239
7. 7. OLG Hamm (5 U 38/61)	Entstehung und Begriffsinhalt einer Lokalobservanz.	6,294
2. 8. OLG Frankfurt (6 W 225/63)	Kirchenbuchurkunden aus der Zeit vor Errichtung der staatlichen Standesämter stehen inländischen Personenstandsurkunden gleich.	6,310
18. 10. OLG Köln (2 Wx 115/63)	Eheschließung griechischer Staatsangehöriger des griechisch-orthodoxen Bekenntnisses in der Bundesrepublik Deutschland.	6,337

1964		
24. 3. OLG Oldenburg (1 Ss 38/64)	Ein Vollzeitprediger der Gemeinschaft der Zeugen Jehovas ist kein Geistlicher im Sinne des Wehrpflichtgesetzes.	7,60
19. 11. OLG Karlsruhe (4 U 20/64)	Entschädigung bei einer Enteignung von Grundstücken, die zum Kirchengut gehören.	7,108
27. 11. OLG Düsseldorf (3 W 316/64)	Die Voraussetzungen des § 15 a Abs. 1 EheG sind mit der Eintragung der Trauung in einem spanischen Standesregister erfüllt.	7,123
1965		
20. 1. OLG Braunschweig (2 W 97/64)	Rechtsweg bei Streitigkeiten über die Nichtzugehörigkeit zu einer Kirche.	7,155
18. 10. KG Berlin (1 W 2060/65)	Beim Kirchenaustritt ist eine Vertretung auch in der Erklärung ausgeschlossen.	7,259
18. 11. OLG Saarbrücken (V As 12/65)	Das Grundrecht der Bekenntnisfreiheit ist auch im Strafvollzug zu wahren.	7,308
1966		
3. 2. KG Berlin (1 W 240/66)	Kindesanerkennung nach islamischem Recht.	8,27
10. 3. OLG Zweibrücken (2 U 150/65)	Zur Vertretungsmacht bei Pfarrpfründestiftungen.	8,42
15. 3. OLG Oldenburg (5 Wx 11/66)	Zur Rechtsnatur von Kirchenbuchurkunden aus der Zeit vor Einführung der zivilen Standesregister.	8,44
17. 3. OLG Hamm (15 W 392/65)	Zur Rechtsnatur von Taufregistereintragungen aus der Zeit vor Einführung der zivilen Standesregister.	8,55
15. 4. OLG Düsseldorf (3 VA 6/64)	Anerkennung von Privatscheidungen.	8,64
14. 7. OLG Nürnberg (1 W 37/66)	Zum Aussageverweigerungsrecht des Zeugen wegen eines im Sitzungssaal angebrachten Kreuzes.	8,125

22. 7. OLG Düsseldorf (1 W 407/66)	Unzulässige Eidesverweigerung unter Berufung auf die Bibel und Art. 4 GG.	8,139
17. 8. OLG Hamm (3 Ss 221/66)	Bestrafung wegen Verweigerung des Ersatzdienstes durch Zeugen Jehovas.	8,151
6. 9. OLG Hamburg (2 Ss 103/66)	Bestrafung wegen Verweigerung des Ersatzdienstes durch Zeugen Jehovas.	8,157
1967		
27. 2. OLG Köln (2 Wx 73/66)	Die Eintragung des Kirchenaustritts in Personenstandsbücher ist ohne Zustimmung des Beteiligten unzulässig.	9,25
8. 3. OLG Stuttgart (4 U 143/66)	Vollmachtloses Handeln des Pfarrers bei einem im Namen der Kirchengemeinde geschlossenen Vertrag über die Lieferung kirchlicher Broschüren.	9,32
13. 3. OLG Celle (5 VA 3/66)	Ehehindernis der Doppelehe für die Heirat einer Spanierin mit einem geschiedenen Deutschen.	9,41
22. 3. OLG Schleswig (1 Ss 29/67)	Zweite Bestrafung wegen Verweigerung des Ersatzdienstes.	9,60
3. 4. OLG Karlsruhe (3 W 82/66)	Ehelichkeit eines Kindes von in Deutschland getrauten griechischen Eltern.	9,79
11. 4. OLG Oldenburg (4 VA 1/67)	Eheschließung zwischen einer Muslimin und einem Christen.	9,93
26. 5. OLG Frankfurt (6 W 472/66)	Gültigkeit einer im Ausland geschlossenen Ehe einer geschiedenen Deutschen kath. Bekenntnisses mit einem Spanier.	9,129
27. 6. OLG Hamm (15 W 157/67)	Ungültigkeit einer vor einem Archimandriten geschlossenen Ehe griechischer Staatsangehöriger.	9,163
21. 7. OLG Köln (Ss 152/67)	Keine Ersatzdienstbefreiung für einen Sonderpionier der Zeugen Jehovas; Strafaussetzung zur Bewährung beim sog. Gewissenstäter.	9,206
2. 10. OLG München (Ws 913/67)	Keine Beendigung der Kirchensteuerpflicht durch Eingehen einer kirchenrechtlich unerlaubten Ehe.	9,235

10. 10. OLG Hamm (3 Ss 1150/67)	Ablehnung einer Bluttransfusion durch Zeugen Jehovas.	9,237
19. 12. OLG Hamm (15 W 462, 470, 471/65)	Eintragung von kirchlichen Vermögensfonds im Grundbuch.	9,313
1968		
3. 5. OLG Hamm (15 VA 2/68)	Ein spanischer Staatsangehöriger, der sich nicht mehr zur katholischen Religion bekennt, kann mit einer geschiedenen Deutschen, deren frühere Ehe nach kanonischem Recht noch besteht, keine bürgerliche Ehe eingehen.	10,84
24. 9. OLG München (4 W 62/68)	Formgültigkeit einer lediglich kirchlich geschlossenen Ehe.	10,168
1969		
13. 2. OLG Düsseldorf (18 U 92/67)	Amtshaftung des Bistums für die fehlerhafte Ausstellung einer Rentenbescheinigung durch einen Pfarrer.	10,287
25. 2. OLG München (9 U 1685/67)	Internationalrechtliche Gültigkeit einer nicht nach jüdischem Ritus geschlossenen Ehe zwischen einem Juden und einer Katholikin.	10,323
6. 3. OLG Frankfurt (6 U 116/68)	Sittenwidrigkeit einer täuschenden Werbung mit Hilfe des Ansehens der Kirche.	10,377
6. 11. OLG Celle (1 Wx 80/69)	Unzulässige Eintragung über die Religionszugehörigkeit in einem Personenstandsbuch.	11,60
1970		
29. 1. OLG Oldenburg (5 Wx 1/70)	Zusätzliche Erklärungen bei Gelegenheit des Kirchenaustritts.	11,136
10. 3. OLG Hamm (6 U 321/69)	Zur Gültigkeit einer Eheschließung vor einem griechisch-orthodoxen Priester in der Bundesrepublik.	11,165
20. 3. OLG Frankfurt (6 W 27/70)	Zusätzliche Erklärungen bei Gelegenheit des Kirchenaustritts.	11,169

13. 5. OLG Köln (2 U 128/69)	Baurechtliche Umlegung von landwirtschaftlich genutztem Ordensgut.	11,206
1. 6. OLG München (9 VA 4/70)	Ehehindernis der Religionsverschiedenheit nach griechischem Recht.	11,233
24. 7. OLG München (1 U 988/69)	Veräußerung eines der Kirchenstiftung gehörenden Kunstgegenstandes durch einen Pfarrer.	11,255
4. 8. OLG Düsseldorf (3 W 218/70)	Zuständigkeit zur Beurkundung des Kirchenaustritts.	11,262
22. 9. KG Berlin (1 WKf 4205/69)	Berechtigung der Ev. Kirche der Altpreußischen Union, Kapitalansprüche von untergegangenen Kirchengemeinden jenseits der Oder-Neiße-Linie geltend zu machen.	11,288
9. 10. OLG Hamm (15 W 450/69)	Zusätzliche Erklärungen bei Gelegenheit des Kirchenaustritts.	11,317
17. 11. OLG Hamm (15 VA 4/70)	Eheschließung zwischen Juden und Nichtjuden in Deutschland.	11,350
20. 11. KG Berlin (9 U 2494/69)	Haftung einer Kirchengemeinde für einen Unfall auf einem Friedhof.	11,365
23. 11. OLG Frankfurt (6 VA 8/70)	Gültigkeit einer im Ausland geschlossenen Ehe von griechischen Staatsangehörigen.	11,373
1971		
26. 1. Schlesw.-Holst. OLG (2 W 104/70)	Zusätzliche Erklärungen bei Gelegenheit des Kirchenaustritts.	12,35
15. 2. OLG Düsseldorf (3 W 293/70)	Zur Gültigkeit einer Eheschließung vor einem griechisch-orthodoxen Geistlichen in der Bundesrepublik Deutschland.	12,49
17. 2. OLG Hamm (8 U 96/70)	Fürsorgeanspruch eines ausgeschiedenen Ordensangehörigen.	12,52
14. 7. OLG Köln (16 Wx 18/71)	Zur Ehelichkeit des Kindes einer geschiedenen Kubanerin katholischer Konfession u. eines Spaniers.	12,250
19. 7. OLG Oldenburg (5 Wx 31/71)	Keine dingliche Wirkung der kirchenbehördlichen Ausstattung einer Kirchengemeinde mit Grundstücken.	12,274

3. 8. OLG Karlsruhe (3 Ss [B] 35/71)	Keine Angaben über Religionszugehörigkeit im Meldeformular bei Begründung eines Nebenwohnsitzes.	12,278
22. 9. OLG Düsseldorf (3 W 220/71)	Zusätzliche Erklärungen bei Gelegenheit des Kirchenaustritts.	12,292
26. 10. OLG Oldenburg (1 Ss 194/71)	Zum Wesensgehalt des rechtlichen Schutzes von Sonn- und Feiertagen.	12,301
22. 11. OLG Frankfurt (13 W 96/71)	Zusätzliche Erklärungen bei Gelegenheit des Kirchenaustritts.	12,324
26. 11. OLG Köln (16 Wx 133/71)	Übertragung der elterlichen Gewalt gem. § 1671 Abs. 3 BGB auf den nicht der Konfession des Kindes angehörenden geschiedenen Ehegatten.	12,332
28. 11. OLG Oldenburg (5 Wx 23, 24/71)	Zusätzliche Erklärungen bei Gelegenheit des Kirchenaustritts.	12,333
1972		
12. 7. OLG Celle (3 U 15/72)	Amtshaftung für nebenamtlichen Religonslehrer.	13,1
1973		
19. 3. OLG Köln (7 W 63/72)	Die privatrechtlich übernommene Verpflichtung zur Teilnahme an einer religiösen Handlung kann nicht erzwungen werden.	13,198
10. 8. OLG Hamm (15 VA 1/73)	Keine Befreiung von der Beibringung eines Ehefähigkeitszeugnisses für in Deutschland geschiedenen irakischen Staatsangehörigen.	13,334
12. 10. KG Berlin (1 W 1332/71)	Satzungsrechtlich bestimmte Einflußrechte eines Diözesanbischofs auf einen eingetragenen Verein.	13,354
13. 11. OLG Köln (Ss [OWi] 179/73)	Durchführung einer Haussammlung von Geldspenden unter Einschaltung eines gewerblichen Unternehmens.	13,372
26. 11. OLG Hamm (15 VA 3/73)	Unbeachtlichkeit des span. Eheverbots der höheren Weihen.	13,385

27. 11. KG Berlin (9 U 309/73)	Kein Haftungsausgleich zwischen Friedhofsträger und Nutzungsberechtigten.	13,393
1974		
17. 5. OLG Düsseldorf (3 VA 1/74)	Anerkennung ausländischer – hier: israelischer – Entscheidungen in Ehesachen.	14,68
30. 5. OLG Hamm (15 Wx 74/74)	Der Kirchenvorstand als gemeinschaftl. Organ selbständiger Rechtsträger von Kirchenvermögen innerhalb einer Kirchengemeinde.	14,79
15. 10. OLG Zweibrücken (Ws 336/74)	Geistliche, die nicht hauptamtlich oder vertraglich angestellte Anstaltsgeistliche sind, bedürfen zum Besuch eines Untersuchungsgefangenen einer richterlichen Besuchserlaubnis.	14,166
16. 10. OLG Düsseldorf (3 U 57/74)	Verweigerung einer Blutentnahme zur Blutgruppenuntersuchung aus religiösen Gründen.	14,168
31. 10. OLG Bremen (2 U 92/74)	Form der Eheschließung nach kolumbianischem bzw. kanonischem Recht, unter Beachtung der Vorschriften über den Abschluß einer sog. Handschuhehe.	14,176
1975		
20. 5. OLG Braunschweig (2 Wx 16/74)	Zur Abhängigkeit eines Heimfallanspruchs im Erbbaurecht von der Kirchenzugehörigkeit.	14,285
27. 5. OLG Düsseldorf (4 U 278/74)	Der Wetterhahn als Bestandteil des Kirchengebäudes.	14,291
5. 11. OLG Stuttgart (3 Ss [10] 645/75)	Privates Autowaschen am Sonntag.	15,95
28. 11. OLG Düsseldorf (3 VA 6/75)	Anerkennung sog. Privatscheidungen.	15,122
1976		
30. 3. OLG Frankfurt (20 W 857/75)	Vaterschaftsanerkenntnis.	15,226

30. 3. OLG Stuttgart (2 U 171/75)	Wettbewerbsrechtliche Fragen bei Sektenwerbung in Formen des geschäftlichen Verkehrs.	**15,231**
3. 9. OLG Hamm (15 VA 1/76)	Eheverbot der Religionsverschiedenheit u. deutscher ordre public.	**15,305**
4. 11. OLG Stuttgart (3 Ss [9] 704/76)	Betrieb eines privaten Gebrauchtwagenmarktes an Sonn- und Feiertagen.	**15,395**
8. 11. OLG Köln (16 Wx 125/76)	Legitimation eines nichtehelichen Kindes durch nachfolgende Eheschließung.	**15,399**
2. 12. OLG Düsseldorf (8 U 202/76)	Auflösung eines Privatschulverhältnisses wegen Kirchenaustritts.	**15,414**
1977		
15. 2. OLG Hamm (15 W 361/76)	Einziehung einer Kirchaustrittsbescheinigung nach sog. modifizierter Kirchenaustrittserklärung.	**16,64**
21. 6. OLG Frankfurt (20 W 243/77)	Beurkundungsfähigkeit einer sog. modifizierten Kirchenaustrittserklärung nach hessischem Landesrecht.	**16,143**
25. 8. OLG Frankfurt (20 W 566/77)	Keine personenstandsrechtliche Wirkungen einer Eheschließung unter Verstoß gegen § 15 a EheG.	**16,171**
26. 10. OLG Karlsruhe (7 U 146/77)	Verkehrssicherungspflicht bzgl. einer Kirchentreppe.	**16,213**
28. 10. OLG Karlsruhe (10 U 89/77)	Verkehrssicherungspflicht auf Kirchenvorplatz.	**16,215**
28. 11. OLG Köln (7 U 85/77)	Rechtliche Binnenstruktur eines kirchlichen Vereins u. Vereinsausschluß.	**16,242**
1978		
7. 7. OLG Düsseldorf (2 Ss [OWi] 550/78–364/78 I)	Straßenverkauf religiöser Schriften ohne Reisegewerbekarte.	**17,10**
21. 8. OLG Düsseldorf (2 Ss [OWi] 675/78–452/78 I)	Spielhallenbetrieb in Nordrhein-Westfalen an sog. stillen Feiertagen.	**17,26**

2. 11. OLG Düsseldorf (5 Ss 475/ 78–515/78 I)	„Doctor of Divinity" kein akademischer Grad.	17,111
1979		
12. 4. OLG München (1 U 4948/77)	Herausgabeverlangen bzgl. eines im Staatseigentum stehenden Kirchengebäudes.	17,217
2. 11. OLG Düsseldorf (7 U 50/79)	Rechtsgeschäftliche Vertretungsmacht eines Pfarrers im Vermögensrecht katholischer Kirchengemeinden.	17,356
20. 12. OLG Hamm (15 W 238/78)	Dingliche Wirkung der Vermögensauseinandersetzung bei Teilung von Kirchengemeinden.	17,398
1980		
21. 2. OLG Hamburg (16 UF 3/80 R)	Gültigkeit einer kirchl. Trauung nach weltlichem Recht.	18,16
20. 5. OLG Stuttgart (17 UF 33/80 ES)	Ehescheidung und Ziviltrauung von Griechen orthodoxen Bekenntnisses in der Bundesrepublik Deutschland.	18,162
18. 6. OLG Hamburg (1 Ss 37/80)	Umfang der Strafverfolgung bei Beleidigung unter einer Kollektivbezeichnung.	18,207
1. 10. OLG Hamm (15 W 179/80)	Kirchenaufsichtliche Genehmigung für grundbuchlichen Rangrücktritt.	18,280
11. 12. OLG Frankfurt (6 U 235/79)	Irreführende Werbung für „wunderbares Wasser aus Lourdes".	18,356
1981		
13. 1. OLG München (17 U 3742/80)	Testamentsanfechtung wegen Zugehörigkeit des Erben zu einer Sekte.	18,371
29. 6. OLG Köln (16 Wx 57/81)	Wirksamkeit einer von einem Shia Shariat-Priester geschlossenen Ehe.	18,510
24. 8. OLG Zweibrücken (3 W 65/81)	Beschwerde der Kirche wegen fehlerhafter Beurkundung einer Kirchenaustrittserklärung.	19,25
14. 10. OLG Celle (8 W 443/81)	Bewirtungsaufwand für Kommunionfeier.	19,79

20. 10. OLG Hamm (2 UF 293/81)	Kanonische Eheschließungsform für Spanier u. deutscher ordre public.	19,81
11. 11. OLG Köln (3 Ss 704/81)	Beschimpfung relig. Bekenntnisse.	19,133
1982		
26. 2. OLG Hamm (4 Ss OWi 2178/81)	Betrieb einer vollautomatischen Autowaschanlage an Sonn- u. Feiertagen.	19,252
9. 3. OLG Frankfurt (20 W 577/81)	Satzungsautonomie eines religiösen Vereins.	19,256
25. 3. OLG Frankfurt (12 U 173/80)	Meinungsfreiheit (Art. 5 GG) und kritische Äußerungen über Werbemethoden einer Sekte.	19,268
7. 5. OLG Hamm (5 Ss OWi 710/82)	Betriebsverbot für Autowaschanlage an Sonn- u. Feiertagen.	20,12
10. 5. OLG Nürnberg (Ws 272/82)	Wiederholte Bestrafung wegen Dienstflucht aus religiösen Motiven.	20,14
11. 6. OLG Stuttgart (15 UF 53/82 UK)	Konfirmationskosten Sonderbedarf i.S.v. § 1613 Abs. 2, S. 1 BGB.	20,73
21. 6. OLG Hamburg (2 W 6/81)	Dinglicher Eigentumsübergang an Grundstücken kraft kirchlichen Rechts.	20,75
13. 9. OLG Saarbrücken (1 Ws 252/82)	Anspruch auf Gespräch mit einem Geistlichen im Strafvollzug.	20,129
3. 11. OLG Celle (12 UF 129/82)	Versorgungsausgleich nach Ehescheidung eines ev. Pfarrers.	20,182
7. 12. OLG Düsseldorf (2 Ss 444/82–342/82 II)	Beschimpfung relig. Bekenntnisse.	20,227
1983		
6. 4. OLG Hamm (4 ReMiet 13/82)	Religiös motivierte Zurückweisung eines unverheirateten Paares als Nachmieter.	21,73
10. 5. OLG Köln (1 Ss 173–175/83)	Störung des öffentlichen Friedens durch Beschimpfung einer Religionsgesellschaft (§ 166, Abs. 2 StGB).	21,118

12. 8. OLG Düsseldorf (3 W 268/82)	Kann ein Missions-Center der Scientology Kirche in das Vereinsregister eingetragen werden?	21,217
6. 9. OLG Düsseldorf (2 Ss 308/83–156/83 III)	Mißbräuchliche Führung einer kirchl. Amtbezeichnung.	21,230
14. 12. OLG Hamm (7 Vollz [W] 140/83)	Beachtung religiöser Speisevorschriften im Strafvollzug.	21,335
1984		
22. 5. OLG Köln (1 Ss 182–184/84)	Störung des öffentlichen Friedens durch Beschimpfung einer Religionsgemeinschaft.	22,101
1985		
21. 1. OLG Frankfurt (1 U 175/81)	Unterlassungsklage gegen liturgisches Glockenläuten.	23,2
1. 3. KG (2 Ss 25/85–5 WS [B] 31/85)	Schwimmunterricht u. islam. Bekleidungsvorschriften.	23,21
22. 3. OLG Koblenz (1 Ss 64/85)	Betrieb einer Videothek an Feiertagen.	23,47
3. 6. OLG Düsseldorf (2 Ss 95/85–103 II)	Wiederholte Verweigerung des Zivildienstes.	23,102
13. 8. OLG Hamburg (12 UF 8/85 S)	Bhagwan-Bewegung. Sorgerechtentscheidung.	23,154
20. 9. OLG München (21 U 5750/84)	Berichterstattung über Opus Dei/Persönlichkeitsrecht.	23,178
2. 10. OLG Koblenz (2 Vollz [Ws] 15/85)	Strafvollzug, Handeln nach Glaubensgeboten.	23,199
4. 10. KG (5 Ws 327/85 Vollz)	Anstaltsgeistlicher im Strafvollzug.	23,207
8. 10. OLG Celle (1 Ss 154/85)	Beschimpfung der christlichen Kirchen u. ihrer Glaubensbekenntnisse.	23,208

17. 10. OLG Karlsruhe (2 Ss 58/85)	Störung des öffentlichen Friedens durch Beschimpfung von Bekenntnissen.	23,225
21. 11. OLG Düsseldorf (2 U 214/83)	Straßenwerbung für den Verkauf rel. Schriften, Kurse etc.	23,252
1986		
4. 3. OLG Hamburg (2 Ss 134/85 OWi)	Straßenwerbung u. freie Religionsausübung.	24,66
24. 6. OLG Köln (Ss 84–85/86)	Wahlkampfpolemik gegen Mitgliedschaft eines Kandidaten in rel. Vereinigung.	24,151
17. 9. OLG München (21 U 6128/85)	Beleidigung der deutschen Unterorganisation einer intern. Vereinigung der kath. Kirche (Opus Dei).	24,238
29. 9. OLG Karlsruhe (4 W 50/86)	Weltanschauliche Zielsetzung u. wirtschaftl. Geschäftsbetrieb eines Vereins.	24,245
24. 11. KG (18 WF 5714/86)	Konfirmationskosten kein unterhaltsrechtl. Sonderbedarf.	24,292
1987		
30. 3. OLG Koblenz (2 Vollz [Ws] 17/87)	Religiöse Veranstaltung i. S. von § 54 StVollzG.	25,84
6. 4. Schles.-Holst. OLG (2 W 144/85)	Wohnungseigentümerversammlung am Karfreitag.	25,96
8. 4. OLG Frankfurt (1 UF 15/86)	Versorgungsausgleich nach Ehescheidung eines Pfarrers der Ev. Kirche von Hessen u. Nassau.	25,118
6. 7. OLG Frankfurt (3 WF 48/87)	Konfirmationskosten als Sonderbedarf.	25,239
10. 7. OLG Hamburg (1 U 36/87)	Genehmigung von Grundstücksgeschäft durch kirchl. Aufsichtsbehörde.	25,241
4. 8. OLG Köln (22 U 57/87)	Regelung für Streitigkeiten aus Kirchstuhlrecht.	25,289
28. 9. OLG Koblenz (2 Vollz [Ws] 35/87)	Religiöse Veranstaltungen i. S. von § 54 StVollzG.	25,320

16. 11. OLG Hamm (17 U 72/87)	Formmängel bei Verträgen mit kath. Kirchengemeinden.	25,365
3. 12. OLG Celle (5 U 299/86)	Verdienstausfallschaden eines Klosterbruders.	25,386

V. Landgerichte

1948		
20. 7. LG Essen (5 O 55/48)	Rechtsgültigkeit der „Vereinbarung zur Wiederherstellung einer bekenntnisgebundenen Ordnung und Leitung der Evangelischen Kirche im Rheinland" und der „Ordnung für das Verfahren bei der Verletzung von Amtspflichten der Geistlichen".	1,16
1949		
4. 8. LG Bochum (4 R 52/49)	Die Fähigkeit zur Eingehung einer kirchlichen Ehe als persönliche Eigenschaft i. S. des § 32 EheG.	1,45
13. 12. LG Köln (3 O 141/49)	Kürzung der Ruhegehaltsbezüge eines Kirchenbeamten.	1,64
1950		
3. 1. LG Braunschweig (5 O 49/49)	Umfang der Vertretungsbefugnis einer ehemaligen Finanzabteilung bei einem Landeskirchenamt.	1,70
1. 3. LG Flensburg (5 S 402/49)	Friedhofsrecht und Gewerbefreiheit.	1,83
17. 3. LG Bonn (4 Q 45/49)	Rechtsgültigkeit der 3. Anweisung zur Wiederherstellung der Presbyterien in der Rheinprovinz. Zur Überprüfbarkeit kirchlicher Verwaltungsakte im ordentlichen Rechtsweg.	1,85
24. 3. LG Fulda (R 15/49 [LA])	Zeugnisverweigerungsrecht eines evangelischen Pfarrers.	1,98
18. 7. LG Detmold (1 O 98/48)	Vermögensrechtliche Auseinandersetzung von Kirche und Schule.	1,106

1951		
25. 1. LG Braunschweig (1 Ms 8/50 Ns)	Weltliche Begräbnisreden auf kirchlichen Friedhöfen.	1,141
22. 8. LG Flensburg (10 T 346/51)	Verstößt ein vereinbartes Heimfallrecht im Erbbauvertrag für den Fall eines kirchenfeindlichen Verhaltens gegen das Grundrecht der Glaubens- und Gewissensfreiheit?	1,182
1952		
8. 2. LG Darmstadt (1 O 207/51)	Vorlage eines Vorbescheides der kirchlichen Oberbehörde als Prozeßvoraussetzung für die Klage wegen vermögensrechtlicher Ansprüche eines Kirchenbeamten.	1,245
10. 6. LG Berlin (55/35 XVI 526)	Evangelische Kirchengemeinden aus dem Gebiet ostwärts der Oder-Neiße-Linie bestehen als Liquidationsverbände fort.	1,289
4. 7. LG Kiel (8 S 108/52)	Zur Rechtsnatur von Grabstellenüberlassungsverträgen; Zulässigkeit des Rechtswegs für Ansprüche auf Rückzahlung von Friedhofsgebühren.	1,309
15. 12. LG Gießen (3 O 16/52)	Entstehung kirchlicher Baulasten im Wege der unvordenklichen Verjährung; Zulässigkeit des ordentlichen Rechtswegs für Streitigkeiten über die Kirchenbaulast.	1,338
1953		
5. 6. LG Lübeck (7 S 171/53)	Müttererholungsheime der landeskirchlichen Frauenarbeit dienen „öffentlichen Zwecken".	2,119
10. 7. LG Paderborn	Auf besonderen Rechtstiteln beruhende Leistungsverpflichtungen der politischen Gemeinden sind durch die Kirchensteuergesetzgebung des Landes Nordrhein-Westfalen nicht abgelöst worden.	2,121
13. 10. LG Bielefeld (22 KLs 15/53)	Ist ein Kirchenbeamter, der in der Vermögensverwaltung der Kirche tätig ist, Beamter i. S. des § 359 StGB?	2,179

1954		
30. 3. LG Berlin (15 O 41/54)	Der ordentliche Rechtsweg ist für vermögensrechtliche Ansprüche von Kirchenbeamten nicht zulässig.	2,220
21. 10. LG Bremen (2 S 458/54)	Die Entrichtung einer allgemeinen Kirchensteuer befreit nicht von der Verpflichtung zur Leistung von Umlagen aufgrund beibehaltener älterer Kirchensteuerordnungen.	2,330
1955		
12. 1. LG Bielefeld (1 S 360/54)	Zulassung von Handwerkern auf kircheneigenen Friedhöfen.	3,1
20. 1. LG Hagen (1 S 402/54)	Berechtigung an einer Erbbegräbnisstätte.	3,32
12. 2. LG Berlin (84 T 232/54)	Ordensgenossenschaft als Körperschaft des öffentlichen Rechts.	3,45
13. 5. LG Wiesbaden (4 T 306/55)	Rechtsträger der ehemals rechtsfähigen Pfründen sind die Kirchengemeinden.	3,72
26. 9. LG Köln (29 Rü Sp 19/55)	Staatsleistungen und Rückerstattungsrecht.	3,164
5. 12. LG Nürnberg-Fürth (1 T 201/55)	Reichnisse an Geistliche als Reallast im Grundbuch.	3,225
1956		
21. 9. LG Kassel (4 Ms 19/56 [Ns])	Zum Begriff der nichtöffentlichen Sammlung i. S. des Sammlungsgesetzes vom 5. 11. 1934.	3,355
14. 12. LG Paderborn	Verpflichtung einer politischen Gemeinde des Hochstifts Paderborn zur Ergänzung des Stelleneinkommens des Inhabers einer Kaplanei.	3,426
1957		
15. 11. LG Augsburg (4 S 235/57)	Räumung eines Wohnraumes zugunsten der Zwecke einer Körperschaft des öffentlichen Rechts.	4,196

2. 12. LG Münster (3 O 294/56)	Im Gegensatz zu Lastenpatronaten unterliegen lastenfreie Patronate nicht der staatlichen Gerichtsbarkeit. Zum Ruhen der Patronatsrechte bei Nichterfüllung der vermögensrechtlichen Verpflichtungen des Patrons.	4,248
21. 12. LG Rottweil (2 O 33/57)	Zur Genehmigungspflicht von Rechtsgeschäften katholischer Kirchengemeinden im badischen Anteil des Erzbistums Freiburg.	4,273
1959		
5. 1. LG Verden (2 T 462/58)	Kirchenaustritt eines Erbbauberechtigten an einem Kirchengrundstück.	5,1
6. 5. LG Düsseldorf (10 S 6–10/59)	Zur Anwendung des § 32 MSchG bei Eigenbedarf einer Kirchengemeinde.	5,22
30. 5. LG Aurich (3 T 35/59)	Zur Abgabe von Willenserklärungen einer Kirchengemeinde im Grundbuchverkehr.	5,37
1960		
1. 10. LG Göttingen (3 KMs 3/60 – 32/60)	Öffentliche Beschimpfung von Einrichtungen und Gebräuchen einer Kirche oder Religionsgemeinschaft.	5,226
1961		
19. 10. LG Dortmund (9 T 376/61)	Der Genehmigungsvorbehalt in § 15 Ziff. 2 und 3 des Kirchenvermögensgesetzes vom 24. 7. 1924 ist mit Art. 140 GG unvereinbar.	5,337
1962		
10. 4. LG München (1 d Js 1025/59)	Schutz kirchlicher Amtsbezeichnungen.	6,65
24. 5. LG Göttingen (1 S 173/60)	Für eine Klage auf Zahlung des sog. Martini-Roggens ist allein der Rechtsweg vor den Verwaltungsgerichten gegeben.	6,92
4. 12. LG Bielefeld (4 O 228/60)	Für vermögensrechtliche Ansprüche von Pfarrern der Evangelischen Kirche von Westfalen ist der ordentliche Rechtsweg gegeben.	6,176

1963		
30. 9. LG Köln (34 Ms Ns 16/63)	Ein Prediger der Zeugen Jehovas ist kein vom Wehrdienst zu befreiender Geistlicher.	6,324
2. 12. LG Lübeck (7 T 669/63)	Inhalt und Grenzen des Selbstbestimmungsrechtes nach § 5 Abs. 1 des Gesetzes über die religiöse Kindererziehung.	6,343
18. 12. LG Ansbach (2 S 21/63 – 2 S 26/63)	Fortgeltung von Reichnisverpflichtungen bei der Vakanz einer Pfarrstelle.	6,368
1964		
6. 5. LG Kleve (2 R 56/64)	Zur Frage der Gültigkeit einer vor einem britischen Armeepfarrer geschlossenen Ehe eines britischen Staatsangehörigen mit einer Deutschen.	7,64
10. 7. LG Nürnberg-Fürth (5 R 13/63)	Einem Pfarrer sind alle Tatsachen i. S. des § 383 Abs. 1 Ziff. 4 ZPO anvertraut, die ihm bei Ausübung der Seelsorge bekannt geworden sind.	7,87
1965		
9. 11. LG Wiesbaden (4 T 258/64)	Gültigkeitsvoraussetzungen der von einem Konsulatsbeamten vorgenommenen Beurkundung einer Eheschließung gemäß § 15 a EheG.	7,303
1966		
16. 3. LG Düsseldorf (11 b S 215/65)	Kanzelwerbung für eine caritativen Zwekken dienende Lumpensammel-Aktion ist wettbewerbswidrig.	8,48
16. 6. LG Flensburg (1 S 59/66)	Verkehrssicherungspflicht bei einem Friedhofsweg.	8,93
12. 7. LG Bremen (7 R 917/65)	Nichtigerklärung einer Ehe zwischen einem israelischen Staatsangehörigen mosaischen Glaubens und einer griechisch-orthodoxen Griechin.	8,120
27. 7. LG Mannheim (4 b T 32/66)	Religiöse Kindererziehung in glaubensverschiedener Ehe.	8,146

25. 10. LG Bochum (7 T 266/66)	Zur Abgabe von Willenserklärungen einer Kirchengemeinde im Grundbuchverkehr.	8,211
8. 11. LG Mannheim (4 b T 39/66)	Gültigkeitsvoraussetzungen einer in Deutschland erfolgten Eheschließung griechischer Staatsangehöriger orthodoxen Glaubens.	8,230
1967		
13. 3. LG Mönchengladbach (2 O 213/66)	Amtshaftung des Bistums für die fehlerhafte Ausstellung einer Rentenbescheinigung durch einen Pfarrer.	9,36
26. 5. LG Aachen (5 S 56/67)	Gültigkeit einer Ehe zwischen einem katholischen Spanier und einer geschiedenen Deutschen.	9,136
12. 7, LG Stuttgart (15 R 154/66)	Zur Frage der Nichtigkeit einer Ehe zwischen einem Angehörigen mosaischen Glaubens und einer Katholikin.	9,169
12. 12. LG Würzburg (1 O 119/67)	Übergang eines Schadensersatzanspruches gegen eine Kirchengemeinde bei öffentlich-rechtlichen Versorgungsleistungen.	9,302
1968		
26. 4. LG Ansbach (1 S 23/68)	Inhalt und Umfang der Verkehrssicherungspflicht auf kirchlichen Friedhöfen.	10,80
1969		
14. 3. LG Kassel (6 T 277/68)	Rechtsfähigkeit der kurhessischen Küsterei.	10,345
11. 9. LG Essen (4 O 244/69)	Unzulässigkeit von Kirchenmusik aus nachbarrechtlichen Gründen.	11,29
1971		
13. 1. LG Düsseldorf (25 R 73/70)	Rechtsfolgen einer Eheschließung vor einem griechisch-orthodoxen Priester in der Bundesrepublik.	12,14
29. 1. LG Berlin (83 T 439/70)	Elterliche Gewalt nach islamischem Recht und deutscher ordre public.	12,43
11. 3. LG Berlin (32 R 13/70)	Scheidung sog. hinkender Ehen von Ausländern.	12,55

26. 5. LG Hildesheim (5 T 126/71)	Zusätzliche Erklärungen bei Gelegenheit des Kirchenaustritts.	12,172
1972		
17. 10. LG Hagen (3 T 220/72)	Zusätzliche Erklärungen bei Gelegenheit des Kirchenaustritts.	13,52
1973		
11. 1. LG Wuppertal (6 T 415/72)	Bestimmungen des Vornamens für ein in der Bundesrepublik geborenes Kind griechischer Eltern.	13,111
6. 4. LG Bielefeld (4 O 246/72)	Das Grundrecht aus Art. 14 Abs. 3 GG steht auch den Kirchen zu.	13,220
24. 4. LG Bochum (VII 12 Qs 743/72)	Zur Frage des Umfanges des seelsorgerlichen Zeugnisverweigerungsrechts.	13,227
15. 11. LG München (2 R 88/73)	Eine Ehetrennungsklage span. Staatsangehöriger vor einem deutschen Gericht ist unzulässig.	13,377
1974		
23. 1. LG Göttingen (6 T 7/73)	Zusätzliche Erklärungen bei Gelegenheit eines Kirchenaustritts.	14,12
26. 2. LG München (5 T 469/73)	Zusätzliche Erklärungen bei Gelegenheit eines Kirchenaustritts.	14,36
27. 12. LG Hagen (9 Qs 1/74 [III])	Zum Aussageverweigerungsrecht eines Berufshelfers in seelsorgerlichen Aufgaben.	14,213
1975		
19. 2. LG Würzburg (2 O 438/74)	Zur Rechtswirksamkeit von Verträgen katholischer Pfarrämter.	14,246
28. 4. LG Köln (1 T 25/75)	Änderung eines eingetragenen Vornamens im Geburtenbuch.	14,258
5. 5. LG Düsseldorf (7 O 1/73)	Zur Genehmigungsbedürftigkeit von Darlehensverträgen katholischer Kirchengemeinden.	14,261
12. 5. LG Bremen (17 R 74/1974)	Umfang der Ermächtigung eines griechisch-orthodoxen Geistlichen gemäß § 15 a EheG.	14,267

24. 10. LG Freiburg (1 O 302/75)	Politische Betätigung als Kündigungsgrund für Schulvertrag.	15,84
1976		
12. 1. LG Frankfurt (2/9 T 2/76)	Zur Frage der Ehelichkeit eines Kindes, dessen Vater in einer nach ausländischem Recht wirksamen polygamen Ehe lebt.	15,186
17. 5. LG Aachen (7 T 83/75)	Satzungsrechtlich bestimmte Einflußrechte eines Diözesanbischofs auf einen eingetragenen Verein.	15,264
20. 7. LG Bonn (1 O 121/76)	Pfarrer als vollmachtloser Vertreter einer Kirchengemeinde.	15,292
7. 10. LG München I (2 R 13208/76)	Berücksichtigung einer islamrechtlichen talaq-Scheidung im deutschen Ehescheidungsverfahren.	15,344
1977		
20. 1. LG Düsseldorf (7 O 343/76)	Kündigung eines Ausbildungsvertrages wegen Kirchenaustritts.	16,5
31. 1. LG Karlsruhe (11 O 122/76)	Verkehrssicherungspflicht bzgl. einer Kirchentreppe.	16,32
14. 2. LG Köln (6 O 142/76)	Rechtliche Binnenstruktur eines kirchl. Vereins u. Vereinsausschluß.	16,58
27. 6. LG Hamburg (5 R 327/77)	Nichtigkeit einer nur kirchl. Eheschließung eines deutschen Staatsangehörigen in Thailand.	16,148
10. 11. LG Köln (6 O 85/77)	Beschränkung des Vereinswahlrechts wegen Kirchenaustritts.	16,232
14. 12. LG Frankenthal (8 O 291/77)	Rechtsgeschäfte einer Kirchenstiftung ohne kirchenaufsichtsbehördliche Genehmigung.	16,264
1978		
7. 4. LG Braunschweig (6 S 343/77)	Erhebung einkommensabhängiger Pflegesätze im kirchl. Kindergarten.	16,359
27. 4. LG Kassel (4 O 118/78)	Bezeichnung der sog. Transzendentalen Meditation als „neue Jugendreligion“.	16,380

28. 4. LG Frankfurt (70 Js 476/74 StA)	Erlaubnispflicht von Straßensammlungen einer Religionsgemeinschaft mit privatrechtl. Status.	16,383
13. 6. LG Bonn (4 T 249/78)	Zusätzliche Erklärungen bei Gelegenheit des Kirchenaustritts.	16,424
1979		
2. 10. LG Bonn (4 T 287/79)	Eheschließung vor einem buddhistischen Priester in Nepal.	17,323
11. 12. LG Hanau (2 S 231/79)	Treuwidrige Rückforderungen eines Studiendarlehens von Theologiestudenten.	17,381
13. 12. LG Landau (2 O 282/79)	Veräußerung eines als israelitischer Friedhof genutzten Grundstücks während der NS-Zeit.	17,387
1980		
25. 4. LG Koblenz (4 T 23/80)	Kirchenaustritt eines italienischen Staatsangehörigen.	18,151
20. 11. LG Darmstadt (3 O 381/80)	Meinungsfreiheit (Art. 5 GG) u. kritische Äußerungen über Werbemethoden einer Sekte.	18,321
5. 12. LG Nürnberg-Fürth (4 HK O 1662/79)	Unlauterer Wettbewerb mit religiös bezogenen Bezeichnungen u. Aufmachungen.	18,345
1981		
23. 4. LG Düsseldorf (19 T 29/81)	Zur Rechtspersönlichkeit kath. Pfarrfonds u. sog. Fabrikfonds.	18,481
4. 6. LG Koblenz (4 T 166/81)	Keine Beschwer der Kirchenbehörde durch sog. modifizierte Kirchenaustrittserklärung.	18,486
30. 9. LG Essen (15 S 136/81)	Keine Berechtigung einer Kirchengemeinde, die Gegenleistung für Stromlieferung aus Kernkraftwerken zu verweigern.	19,59
6. 10. LG Frankfurt (50 Js 19/81 – 915 Ls)	Strafrechtl. Schutz gegen Beschimpfung kirchl. Gebräuche.	19,76

5. 11. LG Düsseldorf (101 I Ls/8Js 1207/79)	Beschimpfung religiöser Bekenntnisse.	19,109
17. 11. LG Dortmund (9 T 461/81)	Satzungsrechtlich bestimmte Einflußrechte des Diözesanbischofs auf einen eingetragenen Verein.	19,149
23. 12. LG Schweinfurt (2 T 118/81)	Satzungsrechtlich bestimmte Einflußrechte des Diözesanbischofs auf einen kirchlichen Verein.	19,187
1982		
19. 4. LG Frankfurt (2/24 S 297/81)	Religiös motivierte Verweigerung der Aufnahme unverheirateter Paare in Doppelzimmern.	20,8
29. 4. LG Köln (105 Qs 109, 117/82)	Nebenklage im Verfahren wegen § 166 StGB.	20,10
4. 10. LG Köln (107 - 65/82)	Beschimpfung von Einrichtungen u. Gebräuchen einer Religionsgemeinschaft.	20,140
28. 10. LG Fulda (2 T 145/82)	Grundbuchberichtigung nach Zusammenschluß von Kirchengemeinden.	20,172
1983		
7. 1. LG Kassel (8 O 330/82)	Namensschutz f. ev. Landeskirchen u. deren Einrichtungen.	21,1
15. 3. LG München II (2 T 101/83)	Erbbaurechtl. Heimfallanspruch wegen kirchenfeindl. Verhaltens.	21,64
24. 3. LG Mainz (2 Js 8274/82 - 5 KLs)	Strafrechtl. Schutz kirchl. Amtsbezeichnungen.	21,70
14. 9. LG Braunschweig (8 T 477/83)	Bindung eines Erbbaurechts an die Kirchenmitgliedschaft.	21,236
4. 10. LG Köln (105–75/83)	Störung des öffentl. Friedens durch Beschimpfung einer Religionsgesellschaft (§ 166 Abs. 2 StGB).	21,243

1984		
5. 7. LG Osnabrück (8 O 112/84)	Formungültiger Vertrag zwischen kath. Kirchengemeinde und Belegarzt.	**22,131**
28. 8. LG Zweibrücken (1 Vollz 41/84)	Darf ein Strafgefangener eine Kerze zu religiösem Gebrauch besitzen?	**22,189**
7. 11. LG München (9 O 12075/84)	Grenzen der Pressefreiheit bei der Berichterstattung über die private Lebensgestaltung eines Opus Dei-Mitgliedes.	**22,225**
27. 12. LG Göttingen (Ns 33 Ds 6 Js 7953/84–338/84)	Beschimpfung der christlichen Kirchen u. ihrer Glaubensbekenntnisse.	**22,289**
1985		
3. 1. LG Mönchengladbach (5 T 487/84)	Vorname Jesus.	**23,1**
22. 3. LG Bonn (10 O 21/85)	Bekanntgabe des Kirchenaustritts.	**23,50**
26. 3. LG Tübingen (3 O 528/84)	Fürsorgepflicht der Kirche.	**23,56**
14. 12. LG Bonn (5 T 203/84)	Weltanschauliche Zielsetzung u. wirtschaftl. Geschäftsbetrieb eines Vereins.	**23,293**
1986		
8. 1. LG Essen (19 O 789/85)	Sammlungstätigkeit einer Kirchengemeinde, Konkurrenzschutz.	**24,1**
4. 3. (LG München I (6 O 22072/84)	Erschwerung des Austritts aus einer Religionsgemeinschaft durch Satzungsrecht; Auferlegung von Zahlungsverpflichtungen.	**24,68**
6. 3. LG Bochum (7 T 43/86)	Unzulässiger Zusatz in Kirchenaustrittserklärung.	**24,70**
21. 10. LG Berlin (63 S 70/86)	Räumung der Pfarrerdienstwohnung.	**24,265**

17. 12. LG Bonn (5 T 187/86)	Vereinsname „Die Gemeinde in ..." nicht eintragungsfähig.	24,318
1987		
29. 5. LG Freiburg (5 O 503/86)	Haftung eines Pfarrers als vollmachtloser Vertreter der Kirchengemeinde.	25,201

VI. Amtsgerichte

1946		
26. 11. AG Varel (Psch 36/46)	Aufforderung zum Kirchenaustritt rechtfertigt die vorzeitige Aufhebung eines Pachtvertrages.	1,12
1950		
9. 10. AG Kappeln (LwG 4/50)	Zur Aufnahme des Verbotes der Sonn- und Feiertagsarbeit in Pachtverträge.	1,140
1952		
17. 10. AG Hannover (80 LwP 23/52)	Kirchenaustritt des Pächters von Kirchenland als wichtiger Kündigungsgrund.	1,328
1956		
26. 3. AG Bonn (24 X 52/56)	Versagung der elterlichen Zustimmung zur Eheschließung aus religiösen Gründen.	3,279
1959		
14. 5. AG Trittau (LwG 2/59)	Bei Vorliegen besonderer Umstände kann eine Kirchengemeinde auch zum Erwerb eines ganzen Hofes berechtigt sein.	5,26
1961		
18. 3. AG Mettmann (2 C 22/60)	Nutzungsrecht an einer Grabstelle.	5,295
1966		
27. 4. AG Hamburg (116 XV 1712)	Kirchliche Eheschließung griechischer Staatsangehöriger nach orthodoxem Ritus in Deutschland; Legitimation eines Kindes.	8,70

8. 6. AG München (9 C 1583/65)	Vertretungsmacht des Pfarrers für die Pfarrkirchenstiftung.	8,90
20. 10. AG Köln (4 III 123/66)	Wirkung der religiösen Eheschließungsform nach der Palestine Order in Council.	8,207
1969		
5. 5. AG Hagen (7 b Gen I/9 109/69)	Modifizierte Kirchenaustrittserklärung.	10,386
10. 10. AG Koblenz (5 III 21/69)	Gültigkeit einer Eheschließung schwedischer Staatsangehöriger in Deutschland.	11,42
12. 12. AG Bremen (46 VIII A 467/67)	Gültigkeit der standesamtl. Ehe zwischen einem katholischen Jordanier u. einer Deutschen.	11,110
1972		
26. 7. AG Hannover (88 Schl 57/72)	Zusätzliche Erklärung bei Gelegenheit eines Kirchenaustritts.	13,35
1976		
12. 2. AG Stuttgart (G 1 GR 488/75 Pf.)	Auskunft über Konfessionszugehörigkeit bei Eintragungen im Geburtenbuch.	15,218
1977		
10. 11. AG Braunschweig (11 C 500/77)	Erhebung einkommensabhängiger Pflegesätze im kirchlichen Kindergarten.	16,235
1978		
27. 6. AG Pinneberg (48 F 308/77)	Nichtigkeit der Eheschließung eines britischen Staatsangehörigen mit seiner deutschen Verlobten vor einem britischen Militärpfarrer.	16,437
19. 9. AG Hamburg (261 F 235/78)	Trennung der ehel. Lebensgemeinschaft von Spaniern – Verfahrenszuständigkeit.	17,74
20. 11. AG Berlin-Charlottenburg (138 F 9222/77)	Religiöse Bindung an die Ehe, Härteklausel.	17,113

1979		
10. 8. AG Bergisch-Gladbach (1 Gen. VII 1 a 3733)	Zulässigkeit einer sog. modifizierten Kirchenaustrittserklärung.	17,290
1981		
14. 1. AG Balingen (1 OWi 291/80)	Religionsfreiheit als Rechtfertigungsgrund gegenüber dem Verbot des Schächtens.	18,381
30. 3. AG Gelsenkirchen-Buer (7 C 758/80)	Leistungsverweigerungsrecht einer Kirchengemeinde für Entgelt aus Stromlieferung durch Kernkraftwerke.	18,442
18. 9. AG Hannover (64 UR III 8/81)	Status des nichtehelichen Kindes im Recht der Zoroastrier.	19,34
2. 12. AG Bonn (36 III 91/81–94/81)	Ermächtigung nach § 15 a EheG.	19,178
1982		
26. 1. AG Köln (612 Ls 161/81)	Beschimpfung von Einrichtungen u. Gebräuchen einer Religionsgesellschaft.	19,199
29. 3. AG-Familiengericht Solingen (16 F 1000/80)	Elterliche Sorge nach ägyptisch-muslimischem Recht u. deutscher ordre public.	19,283
1984		
28. 5. AG Bonn (5 C 591/83)	Widmung eines Gebäudes als res sacra.	22,121
1985		
30. 1. AG Stuttgart (B 33 OWi 9306/84)	Straßenwerbung für Scientology-Kirche. Sondernutzungserlaubnis.	23,6
3. 5. AG Paderborn (32 III 69/84)	Kirchenaustritt und Glaubenswechsel.	23,87
1986		
25. 4. AG Berlin-Tiergarten (286 OWi 17/86)	Befreiung muslimischer Schülerin vom schulischen Schwimmunterricht.	24,113

15. 10. AG Hannover (738 M 5371/86)	Pfändbarkeit eines Gebetsteppichs.	24,253
1987		
30. 4. AG Lüneburg (12 C 124/87)	Räumung einer Pfarrerdienstwohnung.	25,143
28. 8. AG Düsseldorf (98 III 41/86)	Kirchenaustritt bei fehlendem inländischen Wohnsitz.	25,305

D. VERWALTUNGSGERICHTE

I. Bundesverwaltungsgericht

1954		
17. 12. (V C 27.54)	Im Geltungsbereich der Brit. MRVO Nr. 165 ist gegen sämtliche Verwaltungsakte von Amtsstellen der Religionsgesellschaften – auch in Kirchensteuersachen – der Verwaltungsrechtsweg ausgeschlossen.	2,413
1957		
28. 12. (VII B 9.57)	Zur Beteiligung der Gemeinden bei der Umwandlung von Simultanschulen in Konfessionsschulen.	4,284
1958		
23. 5. (VII C 218.57)	Ein ordinierter Pionierverkündiger der Zeugen Jehovas ist kein Geistlicher i. S. des § 11 WPflG.	4,312
1. 8. (VII C 51.57)	Zur Kirchenbausteuerpflicht juristischer Personen nach badischem Recht.	4,330
7. 11. (VII C 102.57)	Die Befugnisse der Staatsbehörde, über kirchliche Baulasten vorläufig zu entscheiden, ist durch Art. 23 des Loccumer Vertrages von 1955 beseitigt worden.	4,360

1959		
20. 3. (VII C 53.57)	Zulässigkeit der Erhebung einer nach Grundsteuermeßbeträgen berechneten Kirchensteuer neben einer nach der Einkommensteuer berechneten Kirchensteuer.	5,3
30. 9. (VI C 378.56)	Evangelische Landeskirchen sind keine Einrichtungen i. S. des § 2 Abs. 3 G 131.	5,71
6. 10. (V C 316.58)	Stolgebühren gehören nicht zu dem von Fürsorgeverbänden zu tragenden Bestattungsaufwand.	5,85
16. 10. (VII C 60.58)	Von hamburgischen Finanzämtern erlassene Kirchensteuerbescheide sind im Finanzrechtsweg anzufechten.	5,103
18. 12. (VII C 62.59)	Zur Frage der Versagung einer Schankerlaubnis für eine in unmittelbarer Nähe eine Kirche zu eröffnende Gaststätte.	5,118
1960		
29. 1. (VII C 201.59)	Zulassung eines freireligiösen Studienbewerbers an einer bekenntnisgebundenen Pädagogischen Akademie.	5,128
5. 2. (VII B 54.59)	Da das Kirchensteuerrecht sich ausschließlich nach der Landesgesetzgebung richtet, ist die Auslegung seiner Bestimmungen nicht revisibel, soweit nicht ein Verstoß gegen Art. 4 GG vorliegt.	5,138
14. 6. (II C 27.59)	Tätigkeit im Dienst einer öffentlich-rechtlichen Religionsgesellschaft als „Verwendung im öffentlichen Dienst".	5,202
1962		
20. 7. (VII C 33.61)	Ein Sonderpionierverkündiger der Gemeinschaft der Zeugen Jehovas ist kein hauptamtlich tätiger Geistlicher i. S. des Wehrpflichtgesetzes.	6,116
9. 11. (VII C 84.59)	Über die Grenzen des Rechts, Andersdenkende für die eigene religiöse und weltanschauliche Überzeugung zu werben.	6,154

1963		
8. 2. (VII C 92.62)	Ein Sonderpionierverkündiger der Zeugen Jehovas ist kein vom Wehrdienst (Ersatzdienst) zu befreiender Geistlicher.	6,217
13. 12. (VI C 163.61)	Ist eine bayrische Lehrkraft, die einen geschiedenen Ehegatten geheiratet hat, von einer katholischen Bekenntnisschule an eine Gemeinschaftsschule zu versetzen?	6,354
1964		
17. 1. (VII C 50.62)	Zur Frage der Wahlbeeinflussung durch einen Hirtenbrief der katholischen Bischöfe.	7,7
31. 1. (VII C 49.62)	Zur Klagebefugnis einer Gemeinde gegen die Errichtung einer Bekenntnisschule durch Beschluß der staatlichen Schulaufsichtsbehörde.	7,19
29. 5. (VII C 87.63)	Ein weltliches Sterbegeläut durch die Gemeinde verletzt die Rechte der Kirche nicht.	7,74
17. 9. (II C 121.62)	Zur Frage, ob es nach nordrhein-westfälischem Schulrecht rechtswidrig ist, einen Lehrer nicht zum Leiter einer Bekenntnisschule zu ernennen, weil er in nicht kirchlich getrauter Ehe gelebt hat.	7,91
1965		
30. 6. (V C 151.63)	Für Kirchengebäude, die für kirchliche Zwecke requiriert worden sind, wird in der Regel keine Requisitionsentschädigung gewährt.	7,210
9. 7. (VII C 16.62)	Es verstößt nicht gegen das Grundgesetz, wenn jüdische Religionsgemeinschaften die Mitgliedschaft nicht in jedem Fall von einer Beitrittserklärung abhängig machen, sondern Abstammung und Wohnsitz genügen lassen.	7,218
1966		
25. 3. (VII C 21.63)	Keine Befreiung vom Wehr- und Ersatzdienst für hauptberufliche Prediger der Zeugen Jehovas.	8,58

27. 10. (II C 98.64)	Verwaltungsrechtsweg für vermögensrechtliche Ansprüche von Geistlichen und Kirchenbeamten.	8,213
8. 12. (IV B 62.66)	Einbeziehung kirchlicher Grundstücke in die Flurbereinigung.	8,251
16. 12. (VII C 45.65)	Benutzung eines kirchlichen Friedhofs; Genehmigung kirchlicher Friedhofssatzungen.	8,254
1967		
10. 2. (VII C 46.66)	Erneute Anforderung zum zivilen Ersatzdienst für einen Zeugen Jehovas.	9,2
2. 5. (II C 2.67)	Tätigkeit eines Katecheten im kirchlichen Dienst als öffentlicher Dienst im Sinne des Besoldungsrechts.	9,99
28. 6. (VIII C 61.66)	Entschädigungs- und arbeitsrechtliche Beurteilung der Rechtsstellung von Ordensgeistlichen, die aufgrund sog. Gestellungsverträge im Schuldienst tätig werden.	9,167
3. 11. (VII C 68.66)	Erlöschen einer Kommunalbaulastverpflichtung.	9,269
15. 12. (VI C 68.67)	Anrechnung von staatlichen Versorgungsbezügen auf die kirchliche Besoldung.	9,306
1968		
26. 4. (VII C 91.65)	Zum Wegfall von Pfarrzusatzgehältern infolge der Kirchensteuerreform 1950.	10,72
6. 6. (VII B 13.67)	Verletzung des Gleichheitssatzes durch eine kirchliche Steuersatzung.	10,91
11. 6. (II C 101.64)	Unter welchen Voraussetzungen darf eine Dienstbehörde einem Polizeivollzugsbeamten verbieten, außerhalb des Dienstes in Zivilkleidung durch Hausbesuche für eine Religionsgemeinschaft zu werben?	10,96
25. 10. (VI C 1.65)	Zur Frage der Rechtmäßigkeit von Versorgungsrichtlinien der Evangelischen Kirche in Deutschland und zur Versorgung eines verdrängten evangelischen Kirchenbeamten.	10,194

1969		
9. 6. (VII B 173.66)	Nichtzulassung einer Revision wegen streitiger Kirchensteuer.	10,407
11. 12. (VIII C 46.68)	Wehrdienstbefreiung für einen Sonderpionier der Zeugen Jehovas.	11,92
22. 12. (VII B 115.68)	Keine Berücksichtigung der Berliner Steuerpräferenzen bei der Kirchensteuererhebung.	11,118
1970		
27. 2. (VII C 43.69)	Beendigung der Kirchensteuerpflicht nach Kirchenaustritt.	11,146
27. 2. (VII B 40.69)	Schulandachten in Niedersachsen sind verfassungsgemäß.	11,153
2. 4. (VII C 61.68)	Gewissensentscheidung bei Kriegsdienstverweigerung.	11,184
1971		
23. 3. (I C 54.66)	Zur Frage des Verbots einer Weltanschauungsgemeinschaft.	12,64
23. 4. (VII C 4.70)	Fortbestand der Kirchen- und Pfarrhausbaulast einer Zivilgemeinde.	12,125
7. 5. (VII B 65.70)	Ausstattung von Gerichtssälen mit Wandkruzifixen.	12,157
3. 6. (IV C 10.70)	Erschließungsbeitrag für einen Friedhof.	12,179
14. 7. (V C 28.70)	Keine Gewährung von Altsparerentschädigung für unselbständige Meßstiftungen.	12,245
19. 11. (VII C 55.69)	Der evangelische Johanniterorden ist keine Körperschaft des öffentl. Rechts nach Bundesrecht.	12,319
1972		
3. 3. (VII B 97.71)	Keine Revisibilität von Landeskonkordatsrecht.	12,388
21. 4. (VII B 108.70)	Die Regelung des Hauptschulwesens in Nordrhein-Westfalen ist verfassungskonform.	12,465

11. 8. (I WB 156.71)	Zum Anspruch des Soldaten auf Seelsorge.	13,39
1973		
5. 4. (II C 29.72)	Zur Frage des Ausgleichsanspruchs zwischen kirchl. u. staatl. Dienstherrn im Rahmen des Gesetzes zu Art. 131 GG.	13,209
17. 4. (VII C 38.70)	Befreiung vom Schulbesuch an Samstagen aus religiösen Gründen.	13,221
30. 5. (VII B 25.72)	Die Einrichtung eines Alternativpflichtfachs Religion/Philosophie ist verfasungskonform.	13,279
27. 6. (VIII C 185.72)	Zurückstellung vom Wehrdienst für Ausbildung z. Diakon an einer evang. Diakonenfachschule.	13,292
4. 7. (VI C 23.73)	Zulassung von Kirchenbeauftragten vor Prüfungsausschüssen für Wehrdienstverweigerer.	13,298
6. 7. (VII C 36.71)	Versetzungserheblichkeit des Religionsunterrichts.	13,307
25. 7. (VII B 55.73)	Zur Frage des Erlöschens der Kirchensteuerpflicht im Falle des Kirchenaustritts.	13,327
26. 7. (VII B 34.73)	Zur Frage des Erlöschens einer Kirchenbaulast.	13,330
30. 11. (VII C 59.72)	Zulässigkeit eines Schulgebetes an nordrhein-westfäl. Gemeinschaftsschulen.	13,399
17. 12. (VII B 67.73)	Erlöschen einer gemeindlichen Pfarrhausbaulast.	13,419
18. 12. (I C 70.67)	Anwaltliche Vertretung eines Pfarrers gegenüber einer kirchl. Behörde.	13,423
1974		
3. 5. (IV C 10.71)	Der Bau eines „Schönstattzentrums" ist nicht gemäß § 35 Abs. 1 Nr. 4 BBauG privilegiert.	14,52
26. 6. (VII C 36.72)	Zur Frage von Ausnahmen vom Friedhofszwang aus Glaubens-, Gewissens- oder Bekenntnisgründen.	14,97

1975		
23. 7. (VII B 114.74)	Frage nach der Religionszugehörigkeit bei Krankenhausaufnahme.	15,4
1976		
31. 3. (I WB 49.75)	Soldatengesang auf dem Marsch zum Standortgottesdienst.	15,235
13. 5. (III C 93.74)	Ordensangehörige als unmittelbar Geschädigte bei Kriegssachschaden an Grundvermögen.	15,258
1977		
18. 2. (VII C 48.73)	Erhebung von Kirchgeld nach hessischem Landesrecht.	16,76
4. 5. (VII B 2.77)	Zur Frage der Zulässigkeit der Erhebung von Ortskirchensteuer neben Landeskirchensteuer.	16,106
10. 6. (VII B 154.75)	Beschränkung der Gebührenfreiheit auf kirchl. Zwecke im engeren Sinn.	16,140
3. 10. (VII B 116.77)	Nachträgliche Beschränkung eines Erbbegräbnisrechts auf 40 Jahre ist verfassungskonform.	16,188
8. 11. (VII B 137.77)	Erhebung der Kirchensteuer bei Geschiedenen nach dem Steuersatz für Ledige.	16,230
20. 12. (VII B 188.76)	Zur Frage des Anspruchs auf gemeinsame Bestattung von Ehegatten.	16,266
1978		
9. 6. (7 C 46.77)	Erstattung von Kirchensteuer nach Kirchenaustritt.	16,422
9. 8. (7 B 143.78)	Zuweisung des Kirchensteueraufkommens an die Religionsgemeinschaften aufgrund eines vereinbarten Verteilungsschlüssels.	17,23
31. 8. (7 B 127.77)	Zur Frage der Verfassungsmäßigkeit kommunaler Kirchenbaulasten.	17,47

1979		
10. 1. (8 C 27.77)	Zurückstellung eines Wehrpflichtigen islamischen Bekenntnisses.	17,149
23. 2. (7 C 37.78)	Zusätzliche Erklärungen bei Gelegenheit des Kirchenaustritts.	17,183
13. 3. (7 B 176.78)	Bezeichnung einer theol. Bildungsstätte als „Universität".	17,196
28. 3. (1 WB 71.78)	Beeinträchtigungen der Religionsausübung durch Dienst in der Bundeswehr.	17,208
4. 5. (4 C 25.76)	Erschließungsbeitrag für kirchliches Friedhofsgrundstück.	17,236
1980		
31. 3. (5 C 41.78)	Kirchl. Konvikt keine Ausbildungsstätte i.S.d. BAFöG.	18,122
4. 9. (5 C 55.79)	Sozialhilfe für sog. Hauskind eines Klosters.	18,254
28. 10. (7 B 224.80)	Bestattung auf kirchl. Friedhof.	18,306
14. 11. (8 C 12.79)	Wehrdienstbefreiung für Geistliche der Scientology-Kirche.	18,311
21. 11. (6 B 7.80)	Anrechnungsfähigkeit von Tätigkeiten im kirchl. Dienst bei Festsetzung des Besoldungsdienstalters.	18,324
21. 11. (7 C 49.78)	Anwaltliche Vertretung vor kirchl. Verwaltungsgericht.	18,326
1981		
25. 3. (7 B 52.80)	Untergang von Baulastverpflichtungen.	18,440
20. 8. (1 WB 59.81)	Unzulässigkeit eines dienstl. Befehls z. Teilnahme an einer Veranstaltung der Militärseelsorge.	19,21
7. 9. (1 C 43.78)	Verbot von Tanzveranstaltungen an Feiertagen.	19,27
22. 10. (7 C 77.80)	Zur Teilnahme eines bekenntnislosen Schülers am Religionsunterricht anstelle des Ethikunterrichts.	19,93

22. 10. (7 B 126.81)	Aufnahme evang. Schüler in kath. Bekenntnisschule.	19,95
5. 11. (3 C 10.81)	Bereitstellungsbescheid zu Lasten eines wirtschaftl. Unternehmens der Zeugen Jehovas.	19,104
1982		
4. 2. (7 B 143.81)	Schülerbeförderungskosten bei Besuch eines kirchl. Gymnasiums.	19,206
11. 2. (5 C 85.80)	Mehrkosten durch Unterbringung eines Sozialhilfeempfängers in einer Einrichtung gemäß § 3 Abs. 3 BSHG.	19,220
25. 11. (2 C 21.78)	Rechtsschutz bei dienstrechtl. Maßnahmen der Landeskirche gegenüber einem Pfarrer.	20,208
25. 11. (2 C 38.81)	Rechtsweg betr. Versorgungsansprüche von Kirchenbeamten.	20,217
1983		
6. 5. (1 B 58.83)	Aufenthaltserlaubnis für Imam.	21,115
2. 8. (9 C 599.81)	Keine inländische Fluchtalternative für verfolgte syrisch-orthodoxe Christen in der Türkei.	21,211
2. 9. (7 C 169.81)	Teilnahme am Religionsunterricht eines anderen Bekenntnisses.	21,227
7. 10. (7 C 44.81)	Unterlassungsklage gegen liturgisches Glokkenläuten.	21,251
1984		
9. 3. (8 C 1,03.81)	Können religiöse Verhaltensvorschriften die Befreiung vom Wehrdienst rechtfertigen?	22,21
20. 3. (7 B 142.83)	Gewährleistung der auf örtlichem Gewohnheitsrecht beruhenden Kirchenbaulastansprüchen durch Art. 140 GG, Art. 138 Abs. 2 WRV.	22,38
25. 5. (8 C 108.82)	Wehrdienstbefreiung für Geistliche der Scientology-Kirche.	22,108

17. 10. (8 B 130.84)	Hauptamtlicher Charakter der Tätigkeit eines Geistlichen i. S. von § 10 Abs. 1 Ziff. 3 ZDG.	22,207
13. 11. (2 C 74.81)	Sonderurlaub für Teilnahme an Tagung privatrechtlicher Religionsgesellschaften.	22,239
30. 11. (7 C 66.82)	Zur Privatschulgarantie und zum Umfang staatlicher Finanzhilfe.	22,251
30. 11. (8 C 110.82)	Zur Freistellung eines hauptamtlich tätigen Pionierpredigers der Zeugen Jehovas vom Zivildienst.	22,256
1985		
11. 3. (6 C 9.84)	Kriegsdienstverweigerung aus religiösen Motiven.	23,34
9. 5. (5 C 48.82)	Ausbildungsförderung nach Austritt aus Ordensgemeinschaft.	23,95
11. 6. (2 C 4.82)	Kirchlicher Dienst, Ortszuschlag.	23,116
16. 8. (8 C 62.84)	Kirchensteuer/Abzugsbeträge für Kinder.	23,156
16. 8. (7 B 177.84)	Rundfunkfreiheit/„Teilhabe“ von Religionsgemeinschaften.	23,161
3. 10. (6 C 56.84)	Begriff der Religionsgesellschaft im Versorgungsrecht.	23,202
1986		
18. 2. (9 C 16.85)	Gruppenverfolgung einer religiösen Minderheit, Asylrecht.	24,40
12. 3. (7 B 13.86)	Konkordatäre Beanstandung eines Hochschullehrers, Feststellungsinteresse.	24,78
11. 4. (7 C 13.84)	Unterschiedliche Förderung freier u. kirchl. Träger privater Sondervolksschulen für Erziehungsschwierige.	24,109
23. 5. (8 C 47.84)	Nacherhebung von Kirchensteuer bei unterschiedlichem Hebesatz an Wohnort u. Arbeitsstätte.	24,129

4. 6. (7 C 76.85)	Befreiung von der Rundfunkgebührenpflicht für Ordensangehörige.	24,132
2. 7. (9 C 2.86)	Asylbegehren syrisch-orthodoxer Christen aus der Türkei.	24,162
10. 7. (7 B 27.86)	Hausverbot für kirchl. Kindergarten, Rechtsweg.	24,170
11. 8. (6 C 2.85)	Kriegsdienstverweigerung, Wehrdienstbefreiung für Geistliche.	24,200
19. 8. (9 C 322.85)	Asylgewährung wegen Wehrdienstverweigerung aus relig. Gründen.	24,205
3. 12. (6 C 57.84)	Kriegsdienstverweigerung aus rel. Motiven.	24,294
3. 12. (6 C 115.83)	Kriegsdienstverweigerung aus rel. Motiven.	24,305
1987		
20. 3. (8 C 37.85)	Zivildienstbefreiung für Hindupriester.	25,64
24. 4. (7 C 24.85)	Subventionsrichtlinien, Förderungsausschluß betr. Religionsgemeinschaften.	25,133
8. 5. (8 C 47.85)	Keine Zivildienstbefreiung für Betheldiener der Zeugen Jehovas.	25,171
14. 5. (9 B 149.87)	Kein Asylrecht wegen Pflicht zur Teilnahme an islam. Religionsunterricht in der Türkei.	25,179

II. Verwaltungsgerichtshöfe und Oberverwaltungsgerichte

1. VGH Baden-Württemberg

1959		
31. 3. (3 K 9/58)	Der Begriff des Bekenntnisses im Kirchensteuerrecht.	5,10
1966		
24. 11. (V [1] 853/64)	Zur Rechtsnatur des Evangelischen Hilfswerks.	8,241

1967		
14. 2. (IV 777/66)	Kein Recht der Diözesen, ein Normenkontrollverfahren zur Feststellung der Gültigkeit von Erlassen zu beantragen, die die Schulform betreffen.	9,4
14. 2. (IV 814/66)	Die Einführung der Schulform der christlichen Gemeinschaftsschule in Baden-Württemberg verstößt nicht gegen das Grundgesetz.	9,14
2. 6. (IV 813/66)	Die Einführung der Form der Gemeinschaftsschule in Baden-Württemberg verstößt gegen höherrangiges Recht.	9,139
14. 6. (IV 215/67)	Bei der Besetzung einer Rektorenstelle an einer christlichen Gemeinschaftsschule darf die Konfession eines Bewerbers nicht ausschlaggebend sein.	9,150
1968		
27. 3. (VI 753/67)	Befreiung vom gesetzlichen Verbot öffentlicher Tanzunterhaltungen an Sonn- und Feiertagen.	10,37
15. 11. (IV 181/68)	Ein evangelischer Pfarrer kann den behaupteten Anspruch auf Ausübung der Dienstgeschäfte eines Pfarrers vor den staatlichen Verwaltungsgerichten nicht geltend machen.	10,225
1971		
27. 5. (V 517/65)	Zur Verfassungsmäßigkeit der Erhebung von Kirchengrundsteuer im Landesteil Württemberg.	12,174
15. 7. (V 750/71)	Zur Frage der Verfassungsmäßigkeit einer Kirchengewerbesteuer.	12,264
1973		
24. 7. (IV 401/73)	Kein vorläufiger Rechtsschutz nach VwGO gegen Beurlaubung und Ruhestandsversetzung eines Pfarrers.	13,323

1974		
20. 8. (IV 256/74)	Die Versetzung in den Ruhestand und der damit verbundene Entzug des Pfarreramtes gehört zu dem staatl. Eingriffen entzogenen kirchlichen Bereich.	14,138
1978		
15. 6. (II 858/77)	Bedarfsprüfung für die Erhebung von Kirchengewerbesteuer.	16,428
1979		
22. 1. (I 2888/78 A)	Urnenbeisetzung auf dem Grundbesitz des Verstorbenen oder Hinterbliebenen.	17,156
24. 10. (VI 2492/76)	Mehrkosten durch Unterbringung eines Sozialhilfeempfängers in einer Einrichtung gem. § 3 Abs. 3 BSHG.	17,348
1980		
20. 5. (IV 1140/77)	Rechtsweg betr. vermögensrechtl. Ansprüche von Kirchenbeamten.	18,165
25. 7. (NC 9 S 1217/80)	Zulassung zum Studium an kirchl. Fachhochschule.	18,224
1981		
10. 3. (10 S 2339/80)	Unterlassungsklage gegen kirchl. Glockenläuten.	18,429
10. 11. (18 A 1988/80)	Beurteilungsspielraum bei Prüfungen katholischer Theologie.	19,118
1982		
25. 5. (10 S 2138/80)	Privater Gebrauchtwagenmarkt am Sonntag.	20,49
1983		
27. 1. (2 S 886/82)	Keine Gebührenfreiheit für baurechtl. Genehmigung einer Tiefgarage unter der Kirche.	21,27
28. 2. (1 S 2542/82)	Aufenthaltserlaubnis für Imam.	21,49

20. 10. (11 S 2128/81)	Fortzahlung von Übergangsgebührnissen nach §§ 11 ff. SVG bei Tätigkeit im kirchl. Dienst.	21,263
1984		
19. 7. (9 S 2239/82)	Zulassung konfessionsfremder Doktoranden an theol. Fakultät.	22,138
1985		
23. 9. (1 S 712/85)	Warnung vor Jugendsekten.	23,196
1987		
23. 11. (11 S 1778/87)	Keine Berücksichtigung von Leistungen aus dem Notlagenfonds des Bischofs bei der Bedarfsermittlung für Wohngeld.	25,368

2. Bayerischer Verwaltungsgerichtshof

1954		
1. 3. (Nr. 277 III 51)	Konkordatäre Beanstandung eines Hochschullehrers aus Gründen der Lehre, Rechtsschutz.	2,198
6. 4. (Nr. 191 I 53)	Eine gegen das Ergebnis der kirchlichen Prüfung gerichtete Anfechtungsklage ist unzulässig.	2,223
1956		
24. 4. (Nr. 209 I 53)	Pflicht zur Leistung von sog. Besoldungsholz an einen Kalkanten, Wegfall.	3,286
1959		
16. 6. (Nr. 30 I 55)	Anspruch einer Kirchenstiftung gegen eine Spitalstiftung und eine Stadt auf Weitergewährung von Bezügen für einen Chorregenten und Organisten.	5,42
1960		
13. 5. (Nr. 62 III 59)	Besoldungsrechtliche Bedeutung der Tätigkeit im Dienste einer öffentlich-rechtlichen Religionsgemeinschaft.	5,178

1963		
13. 6. (Nr. 224 VIII 57)	Behördenruhe und Ladenschluß während der ortsüblichen Zeit des Hauptgottesdienstes an staatlich geschützten kirchl. Feiertagen.	6,252
24. 6. (Nr. 19 I 60)	Kirchliche Friedhofsordnungen unterliegen der abstrakten Normenkontrolle staatlicher Gerichte dann nicht, wenn der Friedhof keine Monopolstellung innehat.	6,257
1966		
28. 1. (Nr. 249 III 62)	Vermögensrechtliche Auseinandersetzung bei der Trennung von Kirche und Schule.	8,13
1968		
13. 2. (Nr. 274 VI 67)	Betrieb einer vollautomatischen Autowaschanlage an Sonn- und Feiertagen verstößt gegen das bay. Sonn- und Feiertagsgesetz.	10,12
28. 3. (Nr. 21 V 67)	Für Ansprüche auf Auskunft aus Kirchenbüchern, Rechtsweg.	10,44
1969		
25. 11. (87 IV 60)	Benutzungszwang für Friedhof der politischen Gemeinde.	11,74
1973		
29. 1. (Nr. 3 VII 67)	Rechtsgrundlagen und Fortgeltung einer Patronatsbaulast in den ehem. preuß. Gebieten Ansbach-Bayreuth.	13,132
4. 7. (Nr. 53 IV 68)	Steuervergünstigung für Tombola einer kirchl. Jugendorganisation.	13,301
9. 11. (Nr. 11 III 71)	Kirchensteuer von Bundeswehrangehörigen bei unterschiedlichem Hebesatz.	13,365
1974		
28. 8. (Nr. 104 IV 72)	Zur Frage nach der Konfessionszugehörigkeit bei der Aufnahme in ein Krankenhaus.	14,159

1975		
17. 10. (2 V 75)	Zur Wirkung einer Bestattungsanordnung und zur Befugnis, über Ort u. Art der Bestattung zu bestimmen.	15,63
1976		
26. 1. (Nr. 274 VII 74)	Zusätzliche Erklärungen bei Gelegenheit des Kirchenaustritts.	15,190
1978		
20. 4. (Nr. 473 VII 78)	Anwaltliche Vertretung im dienstrechtlichen Schlichtungsverfahren.	16,361
1979		
15. 3. (Nr. 158 XII 78)	Religiöse Verfolgungsmaßnahmen als Asylgrund.	17,202
1980		
25. 2. (Nr. 2256 VII 78)	Anwaltliche Vertretung im dienstrechtlichen Schlichtungsverfahren einer Kirchenbehörde.	18,25
14. 3. (Nr. 157 VII 72)	Klage gegen das Läuten von Kirchenglokken.	18,66
16. 6. (Nr. 2418 VII 78)	Zur Teilnahme eines bekenntnislosen Schülers am Religionsunterricht anstelle des Ethikunterrichts.	18,191
1981		
19. 3. (Nr. 12 B-5112/79)	Religiös motivierte Verfolgung als Grund für die Gewährung von politischem Asyl.	18,433
1982		
28. 1. (Nr. 7 CE 81 A.2144)	Rechtsweg für Streitigkeit über Entlassung aus staatl. anerkannter Ersatzschule in kirchl. Trägerschaft.	19,202
12. 5. (Nr. 7 B-475/79)	Baulast für Zugang zu einem Pfarrhaus.	20,23
1983		
13. 4. (5 S 83 A. 624)	Zeuge Jehovas als ehrenamtl. Richter in Kriegsdienstverweigerer-Streitsachen.	21,80

14. 12. (7 B 82 A. 1507)	Unterschiedliche Zuschußgewährung für Sondervolksschulen kirchl. u. anderer freier Träger.	21,327
1984		
21. 12. (7 B 82 A. 676)	Zur staatl. Baulast an Kirchengebäuden gehört auch die Instandhaltung des Glockenstuhles.	22,267
1985		
21. 2. (26 B 80 A. 7207)	Zum Denkmalschutz für einen Pfarrstadel.	23,10
2. 7. (21 B 84 A. 2490)	Betrieb einer Videothek an Feiertagen.	23,126
19. 7. (7 CE 85 A. 1634)	Rechtsschutz für interne Streitigkeiten einer israelitischen Kultusgemeinde.	23,138
9. 9. (3 CS 85 A. 1830)	Verbot bhagwan-typischer Kleidung im Unterricht.	23,173
13. 11. (7 B 83 A. 2311)	Konkordatäre Beanstandung eines Hochschullehrers.	23,241
18. 12. (7 B 83 A. 264)	Hausverbot für kirchl. Kindergarten.	23,309
1986		
18. 12. (22 B 84 A. 2468)	Betrieb einer Gaststätte durch Mitglied der Bhagwan-Bewegung.	24,319
1987		
6. 5. (7 B 85 A. 385)	Entwidmung eines Kirchengebäudes.	25,145
6. 5. (7 B 86.01557)	Befreiung vom schulischen Sportunterricht aus rel. Gründen.	25,164
15. 7. (3 B 86.03066)	Verweigerung des Beamteneides aus rel. Gründen.	25,244
25. 11. (4 B 87.00454)	Eidesformel nach § 24 Abs. 4 BayLKrO.	25,374

3. OVG Berlin

1953		
25. 2. (OVG I B 28/52)	Anfechtung der Satzung einer Religionsgesellschaft des privaten Rechts.	2,26
1969		
19. 6. (OVG VB 16.69)	Unzulässigkeit des Verwaltungsrechtsweges bei Streitigkeiten wegen Übertragung eines geistlichen Amtes.	10,410
1970		
19. 8. (IV M 3.69)	Unzulässigkeit einer verwaltungsgerichtlichen Klage auf Feststellung des Bestehens eines Dienstverhältnisses zur Kirche.	11,265
13. 10. (IV B 72.69)	Unzulässigkeit einer Klage gegen kirchliche Prüfungsentscheidungen.	11,327
1973		
15. 6. (II B 54.72)	Zur Frage der Bemessungsgrundlage für die Erhebung von Kirchgeld in glaubensverschiedener Ehe.	13,287
23. 11. (II B 16.73)	Zur Frage der Kirchgelderhebung in glaubensverschiedener Ehe.	13,379
1983		
10. 3. (6 B 130.80)	Vererblichkeit des Sozialhilfeanspruches eines sog. Hauskindes eines Klosters.	21,55

4. VGH Bremen

1953		
22. 7. (BA 27/53)	Zur Frage der Zulässigkeit des Verwaltungsrechtsweges für Streitigkeiten über die Verpflichtung zur Zahlung von Friedhofsgebühren.	2,128

1958		
30. 12. (I [II] A 376/58 BA 50/58)	Ausschluß aus einer Religionsgemeinschaft.	4,387
1959		
26. 5. (I A 447/58 BA 1/59)	Zur Feststellung des Bestehens oder Nichtbestehens des öffentlich-rechtlichen Rechtsverhältnisses der Mitgliedschaft bei einer Religionsgemeinschaft sind die allgemeinen Verwaltungsgerichte berufen.	5,27
1962		
17. 7. (BA 172/61)	Zum Fortbestand der Zweckbestimmung von Schulvermögen, das die politische Gemeinde von konfessionellen Schulträgern übernommen hat.	6,112
1987		
18. 9. (2 B 112/87)	Bekleidungsaufwand eines Taufpaten als notwendiger Lebensunterhalt.	25,313
18. 9. (2 B 113/87)	Bekleidungsaufwand eines Täuflings als notwendiger Lebensunterhalt.	25,316

5. *OVG Hamburg*

1969		
5. 2. (OVG Verw. I 3/69)	Berufung eines Synodalen zum ehrenamtlichen Richter.	10,285
1973		
23. 2. (Bf. I 80/71)	Kein Anspruch auf Beseitigung behördlicher Unterlagen über die Konfessionszugehörigkeit.	13,159
1974		
20. 8. (Bf. II 7/74)	Kirchenaustrittserklärung mit Einschränkung.	14,144

1978		
31. 5. (Bf. III 19/77)	Bezeichnung einer theol. Bildungsstätte als „Universität".	**16,411**
1983		
25. 1. (OVG Bf. VI 75/81)	Rechtsstaatliche Mindestvoraussetzungen einer kirchl. Friedhofsgebührensatzung.	**21,19**
11. 11. (OVG Bf. I 2/82)	Ausbildungsförderung für Zusatzstudium an freikirchl. Theol. Seminar.	**21,290**
1984		
14. 3. (OVG Bf. III 228/82)	Teilhabeansprüche von Religions- und Weltanschauungsgemeinschaften am öffentl.-rechtl. Rundfunk.	**22,26**
26. 11. (OVG Bs I 171/84)	Tragen von Bhagwan-Kleidung im Schulunterricht.	**22,243**

6. Hessischer Verwaltungsgerichtshof

1955		
28. 10. (OS I 6/53)	Zur Frage der Wirksamkeit eines Kirchensteuerbeschlusses.	3,176
1961		
25. 10. (OS II 80/59)	Eine Baulastverpflichtung umfaßt ihrem Wesen nach auch die Wiedererrichtung eines kriegszerstörten Pfarrhauses.	5,341
1964		
21. 5. (OS V 257/57)	Besteuerungsrecht der Kirchen in Hessen.	7,67
1965		
10. 2. (OS II 5/64)	Bestand und Umfang von Baulastpflichten politischer Gemeinden.	7,165
11. 3. (OS V 23/63)	Zum Erwerb der Mitgliedschaft bei einer freireligiösen Gemeinde.	7,180

1966		
6. 7. (OS II 146/65)	Befreiung vom Friedhofszwang bei Urnenbeisetzung.	8,116
1973		
3. 5. (V OE 29/72)	Kirchgeld in glaubensverschiedener Ehe.	13,239
7. 5. (VI OE 49/71)	Pfarrhausbaulast in ehem. Kurfürstentum Hessen.	13,259
1975		
8. 4. (V OE 46/74)	Zur Kirchensteuerpflicht eines vom Sakramentenempfang ausgeschlossenen Angehörigen der katholischen Kirche.	14,251
1979		
28. 6. (V OE 155/78)	Erhebung von Kirchgeld nach hessischem Landesrecht.	17,253
2. 7. (V N 19/76)	Verwaltungsgerichtliche Normenkontrolle autonomer Satzungen von Religionsgemeinschaften.	17,262
1980		
22. 1. (IX OE 113/79)	Mehrkosten durch Unterbringung eines Sozialhilfeempfängers in einer Einrichtung gem. § 3 Abs. 3 BSHG.	18,1
1981		
1. 4. (V OE 95/79)	Bemessung des Kirchgelds in glaubensverschiedener Ehe nach dem Lebensführungsaufwand.	18,463
1982		
9. 6. (I OE 78/80)	Berücksichtigung kirchl. Vordienstzeiten als ruhegehaltsfähige Dienstzeit.	20,69
23. 11. (IX OE 2/80)	Wegfall einer auf Herkommen beruhenden Kirchturm-Baulast.	20,196
1986		
5. 9. (1 Y 2402/86)	Zeugin Jehovas als ehrenamtl. Richterin in der Verwaltungsgerichtsbarkeit.	24,230

1987		
26. 3. (5 UE 1127/85)	Kirchgeld in glaubensverschiedener Ehe.	**25**,82
31. 7. (6 UE 1344/85)	Diplomstudiengang kath. Theologie an bikonfessionellem Fachbereich einer staatl. Universität.	**25**,262
13. 8. (9 TG 1892/87)	Aufwendungen bei Tauffeier, Sozialhilfe.	**25**,293
3. 9. (6 UE 477/87)	Befreiung vom Sportunterricht aus rel. Gründen.	**25**,307

7. OVG Lüneburg

1951		
25. 5. (I OVG A 379/50)	Wohnungsrechtliche Erfaßbarkeit von Räumen in Heimen gemeinnütziger Anstalten.	**1**,160
15. 8. (II OVG A 272/50)	Zulässigkeit der Vergangenheitsbesteuerung im Kirchensteuerrecht.	**1**,176
1952		
1. 7. (II OVG A 127/51)	Zulässigkeit von Steuervereinbarungen im Kirchensteuerrecht.	**1**,305
1953		
3. 2. (II OVG A 71/52)	Kirchensteuerpflicht bei Verlegung des Wohnsitzes in das Gebiet einer anderen Landeskirche.	**2**,12
1954		
28. 6. (V OVG A 331/53)	Erhöhte Gebühren für die Bestattung von Personen, die aus der Kirche ausgetreten sind.	**2**,280
25. 10. (II OVG A 45/53)	Art. 17 des Gesetzes betr. die Kirchenverfassungen vom 8. 4. 1924 steht nicht im Widerspruch zum Grundgesetz.	**2**,345
1955		
13. 9. (V OVG A 76/55)	Kirchensteuerbescheide sind im Verwaltungsstreitverfahren anfechtbar.	**3**,119

1957		
29. 1. (II OVG A 48/55)	Kirchensteuerbescheide sind im Verwaltungsstreitverfahren anfechtbar.	4,18
1962		
25. 1. (I OVG A 154/60)	Ansiedlungsleistungen zu Gunsten der Kirchen.	6,1
9. 8. (I OVG A 127/61)	Zur Anliegerbeitragspflicht der Eigentümer von Friedhöfen.	6,127
1964		
18. 2. (II OVG A 84/63)	Für die Klage über das Bestehen eines Rechtsverhältnisses als Geistlicher zur Landeskirche ist der Rechtsweg zu den staatlichen Verwaltungsgerichten gegeben.	7,33
1965		
11. 5. (II OVG A 97/63)	Die Erhebung höherer Gebühren für die Bestattung Nichtortsansässiger auf einem kirchlichen Friedhof ist zulässig.	7,196
1966		
18. 10. (II OVG A 45/64)	Zur Verwaltungsübung betr. Genehmigung privater Begräbnisstätten in der ehem. preußischen Provinz Hannover.	8,202
1967		
5. 9. (II OVG A 14/67)	Widerruf eines Amtsverzichts.	9,223
25. 10. (V OVG A 26/64)	Anknüpfen der Kirchensteuerpflicht an Taufe und Wohnsitz.	9,257
30. 11. (V OVG A 61/64)	Tätigkeit beim Evangelischen Hilfswerk als ruhegehaltsfähige Dienstzeit.	9,292
1968		
23. 7. (II OVG A 79/66)	Ruhegehaltsfähigkeit einer Kirchenamtszulage bei Versetzung in eine andere Stelle im öffentlichen Dienst.	10,14

1969		
17. 1. (V OVG B 26/268)	Zulassung von Steinmetzen auf kirchlichen Friedhöfen.	10,265
21. 1. (II OVG A 5/67)	Geltung einer neu eingeführten Friedhofsordnung für früher erworbene Nutzungsrechte.	10,269
30. 1. (V OVG A 78/67)	Voraussetzung für die Ruhegehaltsberechtigung bei kirchlichen Bediensteten.	10,276
18. 2. (II OVG A 47/68)	Zulässigkeit von Morgenandachten in öffentlichen Schulen.	10,314
26. 3. (V OVG A 69/66)	Anrechnung von staatlichen Versorgungsbezügen auf kirchliche Dienstbezüge.	10,357
26. 3. (V OVG A 73/66)	Anrechnung von staatlichen Versorgungsbezügen auf die Bezüge im kirchlichen Dienst.	10,367
26. 3. (V OVG A 67/66)	Anrechnung von staatlichen Versorgungsbezügen auf kirchliche Versorgungsbezüge.	10,371
9. 5. (III OVG A 24/68)	Berechnung der Gebühren für das Aufstellen eines Grabmals.	10,387
21. 5. (II OVG A 109/67)	Erstattung von Kirchensteuern wegen Verfassungswidrigkeit einer Kirchensteuervorschrift.	10,400
1970		
21. 8. (III OVG A 4/69)	Erlöschen des Anspruchs auf den sog. Pröven.	11,270
1971		
27. 1. (V OVG A 36/70)	Kirchensteuerrechtliche Wirkungen einer Kirchenaustrittserklärung.	12,38
1972		
27. 7. (I OVG A 118/71)	Zur Frage der Abgabenfähigkeit kommunaler Zuwendungen an kirchl. Einrichtungen.	13,36
1973		
3. 4. (V OVG A 95/71)	Zur Frage der Beendigung der Kirchensteuerpflicht nach Kirchenaustritt.	13,204

1974		
28. 2. (I OVG A 194/72)	Erschließungsbeitrag für einen kirchlichen Friedhof.	14,38
1976		
9. 11. (VIII OVG A 59/75)	Zur Frage der Zulässigkeit der Erhebung von Ortskirchensteuer.	15,403
9. 11. (VIII OVG A 147/75)	Zur Frage der Wirksamkeit eines Ortskirchensteuerbeschlusses.	15,406
8. 12. (VIII OVG A 3/75)	Anknüpfung der Kirchensteuerpflicht an die durch die Taufe begründete Mitgliedschaft.	15,446
1977		
25. 2. (VIII OVG A 160/75)	Zur Frage der Nachprüfbarkeit der Kirchensteuerpflicht im Rahmen einer Anfechtungsklage gegen einen Einkommensteuer-Berichtigungsbescheid.	16,91
25. 5. (VIII OVG A6/76)	Nachträgliche Beschränkung eines Erbbegräbnisrechts auf 40 Jahre.	16,130
1978		
23. 3. (VIII OVG A 178/75)	Zuweisung des Kirchensteueraufkommens an die Religionsgemeinschaften aufgrund eines vereinbarten Verteilungsschlüssels.	16,351
29. 8. (II OVG A 196/76)	Kirchenvertreter im Rundfunkrat des NDR.	17,29
1979		
30. 5. (VIII OVG A 32/77)	Kirchliche Maßnahmen zur Verteilung ihres Kirchensteueraufkommens unterliegen nicht der Nachprüfung staatlicher Gerichte.	17,244
1980		
28. 8. (8 OVG A 27/79)	Zur Anwendung des sog. Halbteilungsgrundsatzes in glaubensverschiedenen Ehen.	18,245
1981		
24. 9. (8 OVG A 3/80)	Berechnung der Kirchensteuer in glaubensverschiedener Ehe.	19,42

1982		
30. 9. (5 OVG B 37/82)	Anrechnung von Rente auf kirchl. Versorgungsbezüge.	20,135
1983		
13. 1. (12 OVG A 346/81)	Betrieb einer Spielhalle an sog. stillen Feiertagen.	21,6
20. 6. (8 OVG A 36/79)	Johannisstiftung in Hildesheim unterliegt nicht der kirchl. Stiftungsaufsicht.	21,139
1984		
26. 1. (3 OVG C 7/83)	Vereinbarkeit gestaffelter Gebührensätze für einen kirchl. Kindergarten mit den Grundsätzen des Gebührenrechts.	22,4
11. 4. (12 OVG B 45/84)	Betrieb eines sog. Freizeitparks am Karfreitag.	22,77
14. 5. (8 OVG A 6/83)	Rechtsstaatliche Anforderungen an Ortskirchgeldbeschluß.	22,92
1985		
23. 4. (2 OVG A 9/83)	Konfessionszugehörigkeit von Lehrern.	23,67
23. 4. (13 OVG A 15/85)	Vergütung für Prädikanten.	23,70
21. 11. (13 OVG B 86/85)	Konkludenter Wiedereintritt in die Kirche.	23,260
1986		
19. 3. (13 OVG A 24/85)	Erhebung von Kirchgeld nach dem Recht der Nordelbischen Ev.-Luth. Kirche in Schleswig-Holstein.	24,85
19. 3. (13 OVG A 33/85)	Erhebung von Kirchgeld nach dem Recht der Nordelbischen Ev.-Luth. Kirche in Schleswig-Holstein.	24,97
1987		
7. 1. (13 OVG B 141/86)	Befreiung von Gerichtskosten für Kirchen etc. in der ehem. preuß. Provinz Hannover.	25,1

25. 3. (13 OVG A 295/85)	Pauschalierte ev. Kirchensteuer in Schleswig-Holstein.	25,77

8. OVG Nordrhein-Westfalen

1952		
30. 3. (V A 142/51)	Schließung eines kirchlichen Friedhofs aus Gründen der Gefahrenabwehr.	1,279
1953		
22. 4. (III A 260/52)	Erhebung von Friedhofsgebühren.	2,47
30. 9. (III A 103/52)	Zur Frage der Anwendbarkeit kirchlicher Gesetze und Verordnungen, die nach dem 30. 1. 1933 erlassen worden sind.	2,174
1954		
22. 10. (V A 270/54)	Errichtung einer Bekenntnisschule.	2,338
1955		
13. 9. (VII A 26/54)	Entfernung der Religionsangabe aus der Meldekartei.	3,126
1957		
14. 3. (V B 964/56)	Entscheidungen kirchlicher Stellen sind im Verwaltungsstreitverfahren anfechtbar, soweit sie auf staatskirchenrechtlichen Vorschriften beruhen.	4,37
1960		
2. 6. (VIII A 1179/58)	Versetzbarkeit eines beamteten Anstaltspfarrers.	5,197
19. 12. (V A 313/60)	Zur Ausgestaltung des Elternrechts im Schulrecht des Landes Nordrhein-Westfalen.	5,283
1962		
14. 2. (III A 726/61)	Zur Frage der Wahlbeeinflussung durch einen Hirtenbrief der katholischen Bischöfe.	6,3

1964		
20. 1. (V B 771/63)	Zur Frage des Rechtsweges für Rechtsstreitigkeiten aus dem Dienstverhältnis eines Geistlichen.	7,14
11. 12. (V A 1181/63)	Rechtsstaatliche Anforderungen kirchlicher Satzungen.	7,135
1965		
18. 1. (V A 586/64)	Gültigkeitsvoraussetzungen kirchlicher Friedhofsordnungen.	7,148
1966		
14. 2. (V A 819/64)	Die Kirchenbaulast einer Zivilgemeinde kann wegen völliger Veränderung der Verhältnisse in Wegfall kommen.	8,32
17. 10. (V A 898/65)	Verpflichtung einer politischen Gemeinde in Nordrhein-Westfalen zur Errichtung einer Bekenntnisschule.	8,187
17. 10. (V A 923/65)	Abstimmungsbeeinflussung durch Lehrkräfte im Anmeldeverfahren zur Neueinrichtung einer Gemeinschaftsschule.	8,192
1967		
22. 5. (V A 1109/65)	Zum Umfang einer Pfarrhausbaulast.	9,118
19. 6. (V A 333/67)	Private Begräbnisstätten.	9,158
1968		
31. 7. (II A 244/66)	Zur Gebührenfreiheit von Kirchen und Religionsgemeinschaften, sofern die Amtshandlung unmittelbar der Durchführung kirchlicher oder religiöser Aufgaben dient.	10,127
1969		
21. 7. (V A 543/69)	Benutzungszwang am gemeindlichen Friedhof.	11,1
13. 10. (V A 1565/65)	Wegfall der Kirchenbaulast gemäß der „Paderborner Observanz".	11,43

10. 12. (V B 811/69)	Verfahren beim Auftrag auf Errichtung einer Bekenntnisschule.	11,80
1970		
19. 1. (V A 1022/69)	Keine Befreiung von der Schulpflicht an Samstagen für Angehörige von Sekten.	11,125
26. 11. (X A 653/69)	Zulässigkeit eines religiösen Bildungs- und Freizeitzentrums im Außenbereich.	11,383
1971		
1. 7. (V B 32/71)	Vorläufiger Rechtsschutz gegen Verfügungen der kirchlichen Dienstbehörde.	12,200
1972		
16. 3. (VIII A 951/71)	Genehmigungsvoraussetzungen für die Einrichtung einer privaten Urnenbegräbnisstätte.	12,393
28. 4. (V A 921/69)	Unzulässigkeit von Schulgebeten in Gemeinschaftsschulen Nordrhein-Westfalens.	12,480
7. 12. (VIII A 610/71)	Zur Frage der Fortgeltung einer gewohnheitsrechtlichen Pfarrhaus-Baulast.	13,89
1974		
19. 7. (V A 937/71)	Inhalt des Neutralitäts- und Paritätsgebotes an öffentlichen Schulen.	14,125
1975		
25. 7. (V A 1306/73)	Befreiung von der Schulpflicht aus religiösen Gründen.	15,11
15. 9. (II A 447/75)	Heranziehung zu Baugenehmigungsgebühren.	15,29
17. 12. (VIII A 611/71)	Begründung und Erlöschen einer Baulast zugunsten kirchl. Gebäude und Einrichtungen.	15,169
1976		
27. 1. (VI A 400/74)	Anfechtung von Erklärungen zum Melderegister über kirchl. Mitgliedschaft.	15,198

1977		
26. 1. (VI A 166/75)	Teilnahme eines Religionslehrers an einer kirchlichen Veranstaltung, Unfallfürsorge.	16,19
23. 8. VIII A 1813/75)	Keine Anfechtbarkeit einer Kirchenvorstandswahl vor staatl. Gerichten.	16,166
1978		
9. 2. (VIII A 169/75)	Rechtsschutz bei dienstrechtlichen Maßnahmen der Landeskirche gegenüber einem Pfarrer.	16,292
9. 2. (VIII A 215/75)	Rechtsweg gegen kirchliche Disziplinarmaßnahmen.	16,318
9. 2. (VIII A 280/75)	Nutzungsentschädigung für weiterhin in Anspruch genommene Dienstwohnung nach kirchenbehördlich angeordneter Versetzung.	16,322
18. 2. (VIII B 2609/77)	Rechtsweg für Klagen betr. vermögensrechtl. Ansprüche von Geistlichen, Erlaß einer einstweiligen Anordnung.	16,336
31. 8. (II A 222/76)	Straßenbaubeitrag für Kirchengrundstück.	17,55
31. 8. (II A 1317/77)	Straßenbaubeitrag für Friedhofsgrundstück.	17,59
31. 8. (V B 1035/78)	Aufnahme evang. Schüler in kath. Bekenntnisgrundschule.	17,63
1979		
22. 1. (II A 1665/76)	Befreiung von der Gebühr für eine Baugenehmigung bei Gebäuden mit kirchlichem Zweck.	17,162
22. 1. (II A 1708/76)	Befreiung von der Gebühr für eine Baugenehmigung bei Gebäuden mit kirchlichem Zweck.	17,165
22. 1. (II A 1052/78)	Bauvorhaben im Bereich der religiösen Bildung, Gebührenfreiheit.	17,167
22. 1. (II A 1065/78)	Befreiung von der Baugenehmigungsgebühr bei Gebäuden mit kirchlichem Zweck.	17,170
14. 9. (V A 1462/78)	Kein Anspruch auf Essenszuschuß für Schüler einer kirchl. Ganztagsschule.	17,309

30. 10. (XVI E 6/79)	Kirchl. Bedienstete als ehrenamtl. Verwaltungsrichter.	17,354
1980		
20. 8. (2 A 2248/77)	Bestattung auf kirchl. Friedhof.	18,230
1981		
27. 2. (5 A 1128/80)	Aufnahme evangelischer Schüler in kath. Bekenntnisschule.	18,411
24. 9. (8 A 1718/79)	Kein Anspruch auf kommunale Zuschüsse an Sozialhilfeträger aufgrund des Gleichheitssatzes.	19,36
10. 11. (18 A 1756/81)	Staatlich nicht anerkannte religiöse Eheschließung.	19,130
1982		
26. 5. (11 A 15/80)	Bauaufsichtliche Genehmigung für den Abbruch einer Kirche.	20,53
28. 5. (5 A 2117/80)	Ermittlung der Eigenleistung eines kirchl. Schulträgers im Rahmen der Ersatzschulfinanzierung.	20,58
28. 5. (5 A 464/81)	Aufnahme evangelischer Schüler in kath. Bekenntnisschule.	20,66
1. 7. (13 B 443/82)	Zulassung zum Studium an kirchl. Fachhochschule.	20,79
13. 9. (18 A 1647/82)	Verzicht auf die deutsche Staatsangehörigkeit aus Glaubensgründen.	20,131
1983		
20. 1. (1 A 1640/80)	Anrechnung kirchl. Vordienstzeiten im Falle von Beurlaubung.	21,15
26. 1. (11a NE 53/81)	Normenkontrollantrag wegen mangelhafter Erschließung eines Kirchengrundstücks im Bebauungsplan.	21,25
26. 7. (8 A 657/71)	Kommunale Pfarrhausbaulast kraft örtl. Gewohnheitsrechts u. sog. Paderborner Observanz.	21,181

26. 7. (8 A 658/71)	Kommunale Kirchenbaulast nach der Erneuerten Corveyer Kirchenordnung (1690) u. kraft Lokalobservanz.	21,193
27. 10. (16 A 111/83)	Förderungsrechtl. Anerkennung einer Bibelschule.	21,267
1984		
31. 8. (20 B 1361/84)	Beurteilung der Bhagwan-Bewegung durch staatliche Stellen.	22,192
1985		
18. 12. (5 A 1125/84)	Warnung vor Jugendsekten.	23,298
1986		
15. 7. (4 A 869/85)	Betrieb einer Gaststätte durch Mitglied der Bhagwan-Bewegung.	24,175
23. 10. (CL 15/85)	Einsatz von Religionslehrern gemäß Gestellungsvertrag, Beteiligung des Personalrats.	24,273
1987		
30. 6. (22 A 1969/85)	Kommunalabgaben für ein zu unterschiedlichen kirchl. Zwecken genutztes Grundstück.	25,214
12. 11. (8 B 2937/87)	Schließung einer Koranschule	25,353

9. OVG Rheinland-Pfalz

1954		
22. 7. (1 A 17/54)	Ein Pfarrzusatzgehalt ist heute noch von den bürgerlichen Gemeinden des linken Rheinufers den katholischen Kirchengemeinden zu leisten.	2,299
1955		
23. 6. (1 A 47/54)	Zur Frage der Zulässigkeit einer Doppelbesteuerung im Kirchensteuerrecht.	3,76
23. 6. (1 A 64/54)	Die Regelung des Läuterechts ist eine Angelegenheit der Kirchengemeinde.	3,88

1956		
16. 10. (2 A 15/56)	Religiöse Beeinflussung von Lehrlingen in einem Handwerksbetrieb.	**3,395**
1958		
9. 1. (1 A 68/57)	Betrieb einer Schankwirtschaft in unmittelbarer Nähe einer Kirche.	**4,288**
20. 11. (1 A 9/57)	Zur Frage der Kirchensteuerpflicht in glaubensverschiedenen Ehen.	**4,375**
1963		
6. 6. (1 A 23/62)	Verpflichtung der bürgerlichen Gemeinden zur Leistung des Pfarrzusatzgehaltes.	**6,243**
9. 12. (6 A 24/63)	Erhebung eines Kirchgeldes durch Kirchengemeinden.	**6,347**
1965		
18. 6. (6 A 8/64)	In Rheinland-Pfalz haftet der Ehemann nicht für die Kirchensteuerschuld seiner Ehefrau.	**7,205**
1968		
18. 9. (2 A 13/67)	Wegfall der Geschäftsgrundlage hinsichtlich der Kirchturmbaulast einer politischen Gemeinde.	**10,151**
1970		
16. 12. (2 A 93/69)	Benutzungszwang für gemeindliche Bestattungseinrichtungen.	**11,400**
1971		
8. 12. (2 A 64/71)	Die Einrichtung eines Alternativpflichtfachs Religion/Philosophie ist verfassungskonform.	**12,343**
1977		
11. 5. (2 A 65/76)	Essenszuschuß für Studierende einer kirchl. Fachhochschule.	**16,108**
31. 8. (6 A 50/75)	Erhebung der Kirchensteuer bei Geschiedenen nach dem Steuersatz für Ledige.	**16,180**

28. 11. (7 A 1/77)	Kein Rechtsweg zu den Verwaltungsgerichten gegen Entlassung eines Kindes aus einem kirchl. Kindergarten.	16,246
1978		
2. 1. (2 B 261/77)	Rechtsweg gegen Versagung eines Schulvertrages durch kirchliche Fachhochschule.	16,271
14. 9. (2 B 197/78)	Teilnahme am Religionsunterricht eines anderen Bekenntnisses.	17,67
1979		
18. 12. (7 A 86/78)	Anpassung einer Kirchturm-Baulast an veränderte Verhältnisse.	17,390
1980		
18. 6. (2 A 80/78)	Teilnahme am Religionsunterricht eines anderen Bekenntnisses.	18,203
1983		
19. 1. (11 B 195/82)	Betrieb von Spielhallen an sog. stillen Feiertagen.	21,9
22. 2. (6 A 48/82)	Zur Rundfunkgebührenpflicht in klösterlichen Gemeinschaften.	21,41
1985		
6. 3. (2 A 39/84)	Aufnahme in den Kirchendienst, Rechtsweg.	23,27
29. 4. (2 E 3/85)	Fürsorgepflichtverletzung gegenüber exkommuniziertem Pfarrer.	23,84
27. 11. (2 B 31/85)	Religiös motivierte Aktivität eines Beamten in einer verfassungsfeindlichen Organisation.	23,279
1987		
1. 4. (13 A 29/87)	Keine asylerhebliche Gruppenverfolgung armenischer Christen in Istanbul.	25,87
29. 9. (7 A 7/87)	Angemessenheit öffentl. Personalkostenzuschüsse f. kirchl. Kindergarten.	25,324
10. 12. (12 A 55/87)	Kirchgeld in glaubensverschiedener Ehe.	25,388

10. OVG des Saarlandes

1957		
24. 10. (I M 54/56)	Veranlagung zu Kirchgeld, Rechtsweg.	4,178
1969		
18. 11. (III R 64/69)	Friedhofsrechtliche Bestimmungen hinsichtlich der Grabmalgestaltung.	11,66
1978		
15. 9. (I W 1.589/78)	Rechtsverhältnis des Studierenden zu einer kirchl. Fachhochschule.	17,70

III. Landesverwaltungsgerichte und Verwaltungsgerichte

1. Landes- und Bezirksverwaltungsgerichte

1950		
25. 8. BVG Berlin-Zehlendorf (1 B 53/50)	Kirchensteuerpflicht von in Ost-Berlin wohnenden und in West-Berlin beschäftigten Arbeitnehmern.	1,136
1951		
10. 4. LVG Hannover (I 517/50)	Kirchensteuerpflicht bei Wohnsitzverlegung in das Gebiet einer anderen Landeskirche.	1,155
19. 12. LVG Hannover (A II 289/50)	Orts- und Landeskirchensteuerpflicht der Angehörigen einer Kirchengemeinde mit einem vermeintlichen Rechtsanspruch gegen den Fiskus auf Freistellung von den örtlichen kirchlichen Lasten.	1,207
1952		
30. 4. LVG Braunschweig (A I 13/52)	Zur Frage der Vergnügungssteuerpflicht für geistliche Konzerte.	1,259
28. 10. LVG Minden (4 [3] K 658/52)	Anspruch eines Diakons auf einen zusätzlichen Arbeitsraum.	1,330

1953		
20. 1. LVG Hamburg (VI b VB 2034/51)	Anfechtbarkeit von Kirchensteuerbescheiden vor den Finanzgerichten.	2,7
19. 3. LVG Düsseldorf (1 K 5/52)	Entscheidung über den konfessionellen Charakter einer Volksschule.	2,36
22. 7. LVG Arnsberg (2 K 2/53)	Zulässigkeit der Erhebung einer Ausgleichsgebühr für Erbbegräbnisstätten.	2,126
6. 8. LVG Schleswig (5 K 2/53)	Streitigkeiten über die Verpflichtung zur Zahlung von Friedhofsgebühren, Rechtsweg.	2,140
1954		
8. 1. LVG Schleswig (2 K 131/53)	Zur Vereinbarkeit des Art. 17 des Gesetzes betr. die Kirchenverfassungen vom 8. April 1924 mit Art. 140 GG.	2,182
1955		
19. 4. LVG Köln (3 K 210/54)	Verbot der Aufstellung eines bestimmten Grabsteines.	3,58
3. 11. LVG Düsseldorf (1 K 1164/55)	Errichtung einer Bekenntnisschule.	3,193
24. 11. LVG Hannover (A IV 203/54)	Aufstellung eines Grabsteines, Rechtsweg.	3,214
1956		
6. 6. LVG Hannover (A I 230/55)	Zur Frage des Rechtsweges für die Klage eines kirchlichen Amtsträgers auf Feststellung des Fortbestehens seines Dienstverhältnisses.	3,307
4. 10. LVG Hannover (A III 11/56)	Haftung eines konfessionslosen Arbeitnehmers für die Kirchensteuerschuld seiner evangelischen Ehefrau.	3,377
1957		
8. 3. LVG Hannover (II A 176/56)	Die Verleihung der Rechtsstellung einer Körperschaft des öffentlichen Rechts an eine Religionsgesellschaft.	4,28

27. 11. LVG Arnsberg (2/6 K 59/54)	Art. 1 des preuß. Staatsgesetzes betr. Anordnung kirchlicher Neu- und Reparaturbauten vom 24. 11. 1925 steht nicht in Widerspruch zu Art. 140 GG.	4,200
28. 12. LVG Arnsberg (2/6 K 59/54)	Die Synodalstatuten von 1662 und die Lex Clementina von 1715 gehen als kurkölnische Provinzialgesetze den Bestimmungen des ALR über die kirchliche Baulast vor.	4,279
1958		
27. 2. LVG Hannover (IV A 274/57)	Die Zuständigkeit eines kirchlichen Gerichts, das den rechtsstaatlichen Anforderungen an ein Gericht entspricht, schließt den Verwaltungsrechtsweg aus.	4,298

2. *Verwaltungsgerichte*

1951		
20. 9. VG Kassel (VG II 120/51)	Die Gestaltung des kirchlichen Dienstrechts ist Gegenstand der kirchlichen Autonomie.	1,185
1953		
16. 1. VG Berlin (VG I A 550/52)	Anfechtung kirchlicher Akte, die auf der Ämterhoheit beruhen.	2,1
1955		
27. 1. VG Kassel (Nr. II 481/54)	Unterrichtsgeldfreiheit für ein Doppelstudium von Rechtswissenschaft und Theologie.	3,38
31. 3. VG Kassel (Nr. II 470/54)	Zur Frage der Kirchensteuerpflicht von Ehefrauen ohne Einkommen oder Grundvermögen.	3,51
27. 4. VG Stuttgart (2/I Nr. 813/54)	Zur Frage der Kirchensteuerpflicht einer einkommenslosen Ehefrau, deren Ehegatte der Religionsgemeinschaft, der die Ehefrau angehört, ablehnend gegenübersteht.	3,63
13. 12. VG Frankfurt (II/1 – 644/54)	Art. 17 des Gesetzes betr. die Kirchenverfassungen vom 8. 4. 1924 ist geltendes Recht; er steht nicht im Widerspruch zu Art. 140 GG.	3,230

1956		
15. 3. VG Kassel (Nr. II 875/55)	Zur Frage der Kirchensteuerpflicht bei Wohnsitzwechsel.	3,274
10. 4. VG Augsburg (P 190 II 55)	Die Verpflichtung zur Leistung besonderer Reichnisse an weltliche Kirchendiener wird durch die bayerische Kirchensteuergesetzgebung nicht berührt.	3,281
23. 5. VG Darmstadt (II 804/55)	Berücksichtigung der Konfession des zuzuweisenden Mieters bei Zuweisung von Wohnraum in einem Pfarrhaus.	3,299
1957		
8. 3. VG Augsburg (P 422 II 56)	Änderungen im Besitzstand eines Anwesens sind auf Bestand und Umfang einer Reichnispflicht ohne Einfluß.	4,25
3. 4. VG Darmstadt (I 144/57)	Klage eines Kirchenbeamten gegen die Einbehaltung von Dienstbezügen, Rechtsweg.	4,94
13. 9. VG Berlin (VG V A 29/57)	Der Dienst in einer evangelischen Kirchengemeinde ist öffentlicher Dienst im Sinne des Reichsbesoldungsgesetzes.	4,145
1960		
14. 7. VG Frankfurt (I/1 1271/59)	Zur Kirchensteuerpflicht in glaubensverschiedenen Ehen.	5,206
2. 9. VG Berlin (VG X A 469/60)	Grundsteuerfreiheit zum Kirchenvermögen einer Kirchengemeinde gehörender Grundstücke.	5,219
24. 10. VG Hamburg (III 166/60)	Zur Frage der Bildung von Gewohnheitsrecht auf dem Gebiete der kirchlichen Besteuerung.	5,239
1961		
18. 7. VG Münster (1 K - 61/59)	Eine Pfarrhausbaulast erlischt nicht durch eine vorübergehende Änderung der Widmung des Gebäudes.	5,316
30. 8. VG Braunschweig (II A 260/61)	Nach dem in Niedersachsen geltenden staatlichen Kirchensteuerrecht ist das Besteuerungsrecht der Kirchen auf ihre Angehörigen beschränkt.	5,331

13. 11. VG München (Nr. 1037/61)	Entstehung und Inhalt einer Reichnispflicht.	5,357
1962		
24. 5. VG Oldenburg (A 68/62)	Zur Anliegerbeitragspflicht kirchlicher Grundstücke.	6,98
1963		
17. 1. VG Hannover (I A 53/59)	Ansprüche aus einem kirchlichen Dienstverhältnis.	6,200
13. 3. VG Braunschweig (I A 10/63)	Zulässigkeit des Rechtsweges in Streitigkeiten über die religiöse Kindererziehung.	6,222
18. 3. VG München (1005/63)	Nachprüfung und Vollstreckbarkeit von Schiedsgerichtsentscheidungen öffentlich-rechtlicher Religionsgesellschaften.	6,224
11. 7. VG Düsseldorf (1 K 2486/62)	Gehaltsforderung aus einem Kirchenbeamtenverhältnis.	6,305
29. 8. VG Köln (7 K 721/63)	Zur gebührenrechtlichen Privilegierung der Kirchen und Kirchengemeinden.	6,314
19. 9. VG Braunschweig (I A 64/63)	Zuständigkeit staatlicher Gerichte im kirchlichen Beamtenrecht.	6,318
1964		
11. 3. VG Arnsberg (2 K 83/60)	Zum Umfang der Bau- und Unterhaltungslast für ein Pfarrhaus.	7,50
1965		
13. 5. VG Köln (1 K 547/65)	Die Wahl einer Konfessionsschule und die Regelung der Teilnahme am Religionsunterricht sind Ausübung des Grundrechts der Glaubensfreiheit im schulischen Bereich.	7,200
20. 8. VG Bremen (I A 103/65)	Für die Klage gegen den Ausschluß eines Mitgliedes aus einer Religionsgesellschaft ist der Verwaltungsrechtsweg nicht gegeben.	7,240
13. 10. VG Minden (3 K 1214/63)	Inhalt und Grenzen der Kirchenbaulast im Bereich der Paderborner Landesobservanz.	7,251

1966		
4. 1. VG Arnsberg (1 K 210/65)	Zur gebührenrechtlichen Privelegierung der Kirchen und öffentlich-rechtlichen Religionsgemeinschaften.	8,7
26. 7. VG Kassel (VG Nr. III 605/65)	Heranziehung zur Kirchensteuer nach Wirksamkeit des Kirchenaustritts.	8,141
31. 8. VG Minden (3 K 894/64)	Ausschluß des Verwaltungsrechtsweges für Anspruch auf Einsicht in kirchliche Personalakten.	8,155
21. 9. VG Regensburg (Nr. O 70 I 62)	Zur Frage der Rechtsnatur und des Fortbestandes einer Reichnispflicht.	8,165
4. 11. VG Braunschweig (I A 209/64)	Zur Frage des Fortbestandes altrechtlicher Naturalgefälle.	8,219
1967		
22. 3. VG Frankfurt (III/1 - 270/66)	Der Rechtsweg zum Verwaltungsgericht wegen des Anspruchs eines ehemaligen Kirchenbeamten auf Wiederverwendung im kirchlichen Dienst und auf Zahlung aus der Ostpfarrerversorgung ist unzulässig.	9,76
24. 8. VG Braunschweig (1 A 69/67)	Keine Berechnung der Kirchensteuer aus einer fiktiven Einkommensteuerschuld bei glaubensverschiedener Ehe.	9,218
2. 11. VG Braunschweig (I A 124/67 Sch)	Verfassungsmäßigkeit der nach der Grundsteuer berechneten Ortskirchensteuer.	9,266
14. 11. VG Braunschweig (I A 13/66)	Erlöschen des Anspruchs auf Erstattung von Kirchensteuern.	9,287
1968		
14. 3. VG Hannover (IV A 107/67)	Verfassungsmäßigkeit der christlichen Morgenandacht in niedersächsischen Schulen.	10,31
1969		
7. 1. VG Düsseldorf (4 K 2252/68)	Freistellung der Kirchen für Gebühren im Baugenehmigungsverfahren.	10,251

9. 1. VG Braunschweig (I A 218/67)	Ungültigkeit einer kirchlichen Friedhofsordnung mangels gehöriger Bekanntmachung.	10,260
13. 2. VG Hannover (I A 195/68)	Kirchgeld in der Evangelisch-reformierten Kirche Nordwestdeutschlands.	10,303
14. 2. VG Berlin (VG V A 5.67)	Zulässigkeit einer verwaltungsgerichtlichen Entscheidung über vermögensrechtliche Ansprüche eines Kirchenbeamten.	10,307
27. 2. VG Hannover (I A 448/67)	Anknüpfung des Kirchgelds an die Unterhaltsleistung.	10,326
13. 5. VG Aachen (2 K 596/67)	Unzulässigkeit von Schulgebeten in Gemeinschaftsschulen Nordrhein-Westfalens.	10,392
31. 7. VG Braunschweig I. Kammer Lüneburg (I A 44/69)	Heranziehung von Gemeindefremden zur Kirchengrundsteuer.	11,3
31. 7. VG Braunschweig I. Kammer Lüneburg (I A 284/68)	Bekanntmachung eines Ortskirchensteuerbeschlusses.	11,239
20. 8. VG Köln (5 K 2047/67)	Keine Gewährung von Altsparerentschädigung für Meßstiftungen.	11,12
26. 8. VG Düsseldorf (4 K 1214/69)	Freistellung von der Gebühr für die Baugenehmigung einer kirchl. Schule.	11,23
23. 9. VG Kassel (III E 205/69)	Zulässigkeit der Doppelbesteuerung durch Kirchensteuer u. Kirchgeld.	11,31
4. 11. VG Kassel (III E 104/68)	Rechtsstaatliche Erfordernisse für kirchensteuerrechtl. Vorschriften.	11,59
7. 11. VG Frankfurt (III/2 - E 128/69)	Vorlage an das Bundesverfassungsgericht zur Prüfung der Verfassungsmäßigkeit des Kirchenlohnsteuerverfahrens.	11,64
1970		
26. 3. VG Minden (3 L 243/69)	Unzulässigkeit des Verwaltungsrechtswegs bei Streitigkeiten über pfarrerdienstrechtl. Statusverhältnisse.	11,173

26. 8. VG Frankfurt (III/1 - E 120/69)	Beendigung der Mitgliedschaft in der jüdischen Glaubensgemeinschaft.	11,280
17. 9. VG Berlin (III A 89/70)	Kirchgeld in glaubensverschiedener Ehe.	11,283
17. 11. VG Würzburg (128 I/69)	Kirchensteuerrechtliche Folgen der Versetzung eines Berufssoldaten.	11,357
1. 12. VG Darmstadt (IV E 10/70)	Beendigung der Kirchensteuerpflicht bei Kirchenaustritt.	11,390
11. 12. VG Hamburg (IV VG 450/70)	Eintragung über die Religionszugehörigkeit in behördlichen Akten.	11,397
1971		
14. 1. VG Braunschweig, I. Kammer Lüneburg (I A 137/69)	Genehmigung zur Führung des Grades „Doctor of Divinity" einer ausländischen kirchl. Hochschule.	12,16
14. 1. VG Berlin (III A 194/70)	Presserechtlicher Gleichbehandlungsanspruch gegenüber Kirchenbehörden.	12,27
24. 3. VG Kassel (II E 15/71)	Pfarrhausbaulast im ehem. Kurfürstentum Hessen.	12,83
19. 5. SchlH.VG (4 A 22/71)	Unter welchen Voraussetzungen sind Kirchen anstelle der Gemeinden Träger von Einrichtungen nach § 17 Abs. 1 SchlH.GO?	12,170
1. 6. VG Würzburg (Nr. 391 II 71)	Zur Frage der Einschränkbarkeit eines kirchl. Glockengeläuts.	12,179
14. 6. VG Hannover, I. Kammer Osnabrück (I A 129/70)	Die Erhebung von Kirchengrundsteuer neben Kircheneinkommensteuer ist zulässig.	12,188
26. 10. SchlH.VG (1 A 37/70)	Kirchliche Mitgliedschaft, Kirchenaustritt u. staatl. Kirchensteuereinzug.	12,307
5. 11. VG Hannover, I. Kammer Osnabrück (I A 94/70)	Zur Frage der Anknüpfung der Kirchensteuerpflicht an die durch die Taufe begründete Mitgliedschaft.	12,316

1972		
12. 1. VG Frankfurt (III/2 – E 74/71)	Kirchgeld in glaubensverschiedener Ehe.	12,351
18. 1. VG Aachen (2 K 160/71)	Verwaltungsgerichtliche Nachprüfung einer Kirchenvorstandswahl.	12,355
20. 1. VG Braunschweig, 1. Kammer Lüneburg (I A 78/71)	Zur Frage der Auskunftspflicht der Kirchen über ihre Finanzverhältnisse und der Verfassungsmäßigkeit der sog. Kappung der Kirchensteuer.	12,366
24. 2. VG Berlin (III A 276.71)	Erstattung überzahlter Kirchensteuer bei unterschiedlichem Hebesatz an Betriebsstätte und steuerlichem Wohnsitz.	12,372
28. 3. VG Kassel (III E 8/72)	Kirchgeld in glaubensverschiedener Ehe.	12,402
7. 6. VG Würzburg (Nr. 435 II 71)	Zur Frage der Einschränkbarkeit eines kirchl. Glockengeläuts.	12,491
27. 6. VG Aachen (II K 594/71)	Entziehung der missio canonica.	12,503
29. 6. VG Berlin (III A 300.71)	Kirchgeld in glaubensverschiedener Ehe.	12,520
16. 8. VG Frankfurt (III/2 – E 31/72)	Erhebung von Kirchgeld in glaubensverschiedener Ehe.	13,41
20. 9. VG Stuttgart (VRS II 100/72)	Befreiung vom Friedhofszwang für Urnenbeisetzung.	13,46
2. 11. VG Berlin (III A 123.72)	Zur Frage der Anwendung des sog. Halbteilungsgrundsatzes bei der Erhebung von Kirchgeld.	13,67
7. 12. VG Berlin (III A 164.72)	Heranziehung glaubensverschiedener Ehegatten zu Kirchgeld.	13,98
14. 12. VG Berlin (II A 72.72)	Aussetzung der Vollziehung des Senatsbeschlusses einer kirchl. Fachhochschule.	13,109

1973		
8. 5. VG Oldenburg (I A 182/71)	Die Wahl zum Kirchenausschuß einer kath. Kirchengemeinde im Landesteil Oldenburg kann im Verwaltungsrechtsweg angefochten werden.	13,265
25. 5. VG Stuttgart (VRS III 106/72)	Zur Frage des Rechtswegs gegen die Kanzelabkündigung von Kirchenaustritten.	13,270
14. 9. VG Hamburg (IV VG 1095/71)	Zusätzliche Erklärungen bei Gelegenheit des Kirchenaustritts.	13,342
12. 12. VG Würzburg (Nr. W 221 II 72)	Zusätzliche Erklärungen bei Gelegenheit des Kirchenaustritts.	13,409
1974		
3. 1. VG Münster (3 K 986/76)	Keine Befreiung von Baugenehmigungsgebühren für Krankenhausbauten kirchl. Träger.	14,1
22. 1. VG Hannover, I. Kammer Osnabrück (I A 115/73)	Zur Frage der Kirchensteuerpflichtigkeit für einmaligen Gewinn nach Kirchenaustritt, aber vor Ablauf des Austrittsjahres.	14,8
12. 2. VG Darmstadt (IV E 109/72)	Kirchensteuerpflicht und pol. Betätigung der Kirche.	14,13
20. 6. VG Karlsruhe (III 198/73)	Ausbildungswechsel bei weltanschaulich gebundenen Berufen.	14,94
28. 6. VG Arnsberg (5 K 1466/73)	Bauscheingebührenfreiheit für die Baugenehmigung eines Pfarrwohnhauses.	14,113
13. 8. VG München (Nr. M 5114/72)	Ungültigkeit einer unter Vorbehalt abgegebenen Kirchenaustrittserklärung.	14,134
21. 8. VG Freiburg (VS VI 202/74)	Umfang und Inhalt der Eidespflicht beim Diensteid der Beamten.	14,152
12. 11. VG Hannover (I A 191/74)	Für den Arbeitgeber ist der Kirchensteuersatz der Betriebsstätte, für den Steuerpflichtigen jener seines Wohnsitzes maßgebend.	14,182

1975		
19. 2. VG Hannover (III A 45/74)	Zur Nachprüfbarkeit eines Kirchenausschlusses durch staatl. Gerichte.	**14,249**
6. 5. VG Koblenz (2 K 170/73)	Kirchensteuerpflicht nach bürgerlich-rechtl. Ehescheidung.	**14,263**
16. 5. VG Hannover (VII A 97/74)	Kann ein Kirchenaustritt durch schlüssiges Verhalten wieder rückgängig gemacht werden?	**14,279**
22. 5. VG Braunschweig (III D 9/75)	Antrag auf Anordnung der aufschiebenden Wirkung einer Anfechtungsklage gegen Kirchensteuerbescheid.	**14,289**
4. 6. VG Frankfurt (III/1 - E 175/72)	Zum Erwerb der Mitgliedschaft in einer Synagogengemeinde.	**14,295**
16. 6. VG Köln (10 K 1619/74)	Anfechtbarkeit einer Kirchenvorstandswahl vor staatl. Gerichten.	**14,306**
24. 9. VG Hannover (VII A 99/74)	Der Wiedereintritt in eine Kirche unterliegt nicht denselben Formvorschriften wie ein Kirchenaustritt.	**15,42**
4. 10. VG Koblenz (6 L 52/75)	Antrag auf einstweilige Anordnung zur Verhinderung einer Taufe.	**15,50**
9. 10. VG Köln (7 K 1287/74)	Straßenbaubeitragspflicht für ein mit einer Kirche bebautes Grundstück.	**15,55**
22. 10. VG Hannover (VII A 300/74)	Zur Veranlagung und Erhebung der Kirchensteuer.	**15,67**
7. 11. VG Minden (5 K 376/75)	Befreiung von der Baugenehmigungsgebühr für einen Pfarrhausbau.	**15,103**
1976		
8. 4. VG Neustadt (2 K 25/75)	In Rheinland-Pfalz besteht gegenwärtig kein Anspruch der Studierenden kirchl. Fachhochschulen auf staatl. Essenszuschuß.	**15,243**
2. 7. VG Augsburg (Au 12 I 75)	Zur Rechtsnatur des kirchl. Mitgliedschaftsverhältnisses.	**15,295**
3. 8. VG Aachen (2 K 304/76)	Befreiung von Baugenehmigungsgebühren für ein Pfarrheim.	**15,303**

10. 9. SchlH.VG (2 A 122/76)	Repräsentation einer Kirche im Rundfunkrat.	**15,316**
8. 10. VG Neustadt (7 K 131/76)	Beteiligungsfähigkeit (§ 61 Nr. 2 VwGO) einer kirchl. Fachhochschule.	**15,347**
22. 10. VG Wiesbaden (D II E 97/73)	Kirchensteuer in glaubensverschiedener Ehe.	**15,362**
23. 11. SchlH.VG (6 A 130/76)	Leistungsbescheid über Friedhofsgebühren durch Kirchengemeinde.	**15,409**
7. 12. VG Minden (3 L 288/76)	Kein Rechtsweg gegen Maßnahmen der kirchl. Ämterorganisation.	**15,442**
1977		
2. 5. VG Düsseldorf (12 K 1612/76)	Kein Straßenbaubeitrag für kirchl. Friedhofsgrundstück.	**16,103**
3. 6. VG Oldenburg (II A 826/75)	Kein Straßenbaubeitrag für Friedhofsgrundstück.	**16,138**
10. 8. VG Münster (4 K 1639/76)	Keine Anstellungsfähigkeit eines Religionslehrers im Staatsdienst bei Versagung der missio canonica.	**16,160**
18. 10. VG Düsseldorf (3 K 2879/77)	Betrieb einer Datenverarbeitungsanlage im intern. Verbund an deutschen Feiertagen.	**16,206**
9. 12. VG Minden (5 K 406/77)	Befreiung von Bauscheingebühren für sog. Gemeindezentrum.	**16,262**
1978		
20. 1. VG München (Nr. M 63 III 78)	Widerruf der Anerkennung der Studentenschaft einer kirchl. Fachhochschule.	**16,280**
26. 1. VG Braunschweig (I A 5/76)	Wiedereintritt in die Kirche nicht formgebunden.	**16,285**
10. 3. VG Hannover (II A 57/77)	Zurückstellung vom Wehrdienst, Antragserfordernisse nach § 7 Abs. 2 MustVO.	**16,340**
14. 3. VG Hannover (VI A 67/76)	Berufsbildungsgesetz als Schrankenregelung im Sinne von Art. 140 GG, 137 Abs. 3 WRV.	**16,342**

28. 4. VG Gelsenkirchen (4 K 733/76)	Kein Anspruch auf Essenszuschuß für Schüler einer kirchl. Ganztagsschule.	16,390
17. 5. VG Neustadt (1 K 30/77)	Wegfall einer Kirchturmbaulast wegen völliger Veränderung der Verhältnisse.	16,393
30. 5. VG Koblenz (1 K 293/76)	Straßenverkauf religiöser Schriften u. Gemeingebrauch.	16,403
5. 7. VG Koblenz (7 K 90/78)	Teilnahme am Religionsunterricht eines anderen Bekenntnisses.	17,1
26. 7. VG München (Nr. M 466 VII 77)	Anwaltliche Vertretung im dienstrechtl. Schlichtungsverfahren.	17,11
21. 9. VG Bayreuth (B 244–II/77)	Feuerwehr-Dienstpflicht und Feuerschutzabgabe eines kath. Geistlichen in Bayern.	17,78
28. 11. VG Ansbach (AN 539–I/76)	Kein Anspruch des Patrons auf eine bestimmte Ausgestaltung des Patronatsstuhls.	17,122
13. 12. VG Minden (3 K 1248/76)	Zulässigkeit des Verwaltungsrechtswegs bei dienstrechtl. Streitigkeit zwischen Kirchenbeamten und Kirche.	17,129
14. 12. VG Darmstadt (I E 418/78)	Wehrdienstbefreiung für Geistliche der Scientology-Kirche.	17,135
1979		
17. 1. VG Bayreuth (B 172–I/77)	Baulast für Zugang zu einem Pfarrhaus.	17,152
25. 1. VG Arnsberg (1 K 700/77)	Rechtsweg für vermögensrechtl. Ansprüche von Geistlichen.	17,173
11. 4. VG Braunschweig (I A 130/77)	Höhe der Kirchensteuerzahlungsschuld bei Kirchenaustritt während des Steuerjahres.	17,211
4. 7. VG Köln (10 L 432 u. 454/79)	Aufnahme evang. Schüler in kath. Bekenntnisschule.	17,269
17. 7. VG Hannover (I A 291/78)	Zahlung von Kirchgeld durch Zivilangestellte der Bundeswehr.	17,279

3. 8. VG Düsseldorf (1 L 602/79)	Bekenntnisfremder Religionsunterricht an einer Bekenntnisschule.	**17,282**
3. 8. VG Kassel (II E 438/78)	Wegfall einer Baulastverpflichtung am Kirchturm wegen Veränderung der Verhältnisse.	**17,285**
15. 11. VG Berlin (10 A 62.79)	Lebensführungsaufwand als Bemessungsgrundlage für Kirchgeld.	**17,365**
1980		
6. 2. VG Hannover, I. Kammer Hildesheim (1 Hi VG A 46/78)	Höhe der Kirchensteuerzahlungsschuld bei Kirchenaustritt während des Steuerjahres.	**18,10**
13. 3. VG Frankfurt (I/3 E 1894/79)	Nachforderung nicht erhobener Kirchenlohnsteuer durch Einkommensteuerbescheid.	**18,63**
26. 3. VG Saarland (1 K 362/79)	Essenszuschuß für Studenten einer kirchl. Fachhochschule.	**18,106**
15. 4. VG Saarland (3 K 1168/78)	Zur Auslegung einer akademischen Lehrbefugnis für „Religionsgeschichte des Alten Orients".	**18,147**
29. 4. VG Hamburg (XII VG 819/80)	Nachträgliche Beschränkung eines Erbbegräbnisrechts.	**18,153**
21. 8. VG Arnsberg (1 K 1264/79)	Ermittlung der Eigenleistung eines kirchl. Schulträgers im Rahmen der Ersatzschulfinanzierung.	**18,234**
27. 8. VG Frankfurt (II/2-H 2884/80)	Zivildienstbefreiung für Geistliche der Scientology-Kirche.	**18,239**
17. 9. VG Karlsruhe (7 K 35/80)	Unterlassungsklage gegen kirchl. Glockenläuten.	**18,268**
24. 10. VG Oldenburg (A 71/79 A)	Die Begründung der kirchl. Mitgliedschaft und der Kirchensteuerpflicht durch Taufe u. Wohnsitz widerspricht nicht höherrangigem Recht.	**18,303**
3. 12. VG Ansbach (AN 1327-I/77 [XVII])	Zur Baulast am Kirchtum der ev.-luth. Kirche St. Johannis in Burgbernheim.	**18,330**

17. 12. VG Kassel	Prüfungsrechtliche Relevanz der Note im Fach Religion.	18,368
1981		
19. 2. VG Arnsberg (1 K 2014/78)	Rechtsweg für vermögensrechtl. Ansprüche von Geistlichen.	18,406
30. 3. VG Arnsberg (1 K 2475/79)	Baulast betr. Kirchturm, Kirchplatz und Pfarrhaus kraft örtlichen Gewohnheitsrechts.	18,451
31. 3. VG Minden (6 [3] K 737/78)	Kirchenbaulast als Lokalobservanz.	18,457
25. 6. VG Frankfurt (I/2 E 3653/79)	Einkommensteuer als Maßstab der Kirchensteuer, Berücksichtigung von Unterhaltsleistungen.	18,504
31. 7. VG Berlin (10 A 66.81)	Berücksichtigung von Kindern bei der Berechnung der Kirchensteuer.	19,9
18. 8. VG Freiburg (6 K 64/81)	Ablehnung eines Bewerbers wegen religiös bedingter Verweigerung des Versprechens der Verfassungstreue.	19,17
14. 9. VG Gelsenkirchen (4 L 1251/81)	Homogenität der Schülerschaft einer Bekenntnisschule.	19,31
21. 10. VG Minden (3 K 2008/79)	Verpflichtung der politischen Gemeinde zur Unterhaltung des Kirchturms.	19,85
9. 11. SchlH.VG (11 A 249/80)	Anrechnung von Rente auf kirchl. Versorgungsbezüge.	19,111
25. 11. VG Ansbach (AN 758-I/77(17))	Verpflichtung des Staates aufgrund einer Kirchenbaulast, den Glockenstuhl instandzuhalten.	19,155
25. 11. VG Würzburg (W 2 K 80 A. 1102)	Keine Erlaubnispflicht für das Schächten von Opfertieren.	19,175
1982		
25. 2. VG Arnsberg (1 K 1229/80)	Baulast am Turm der Stadtkirche St. Petri in Geseke/Westf.	19,246

31. 3. VG Augsburg (Au 4 K 81 A.623)	Nächtliche Geräuschbelästigung durch Kirchturmuhr.	19,285
12. 8. VG Augsburg (Au 4 K 80 A.147/887)	Errichtung eines Pfarrzentrums in einem allgemeinen Wohngebiet.	20,16
20. 7. VG Bayreuth (B 3 K 81 A.467)	Genehmigungsfähigkeit einer Lautsprecheranlage am Kirchturm.	20,90
12. 8. VG Frankfurt (I/3 E 739/81)	Mitgliedschaft in einer jüdischen Kultusgemeinde.	20,97
17. 8. VG Augsburg (Au 186 I 75)	Entstehung, Fortgeltung und Umwandlung eines Reichnisses.	20,102
23. 8. VG Stuttgart (VRS 15 K 912/82)	Aufenthaltserlaubnis für Imam.	20,111
26. 8. VG Darmstadt (I/1 E 239/81)	Wehrdienstbefreiung für Geistliche der Scientology-Kirche.	20,120
8. 10. VG Gelsenkirchen (16 K 10.165/80)	Asylbegehren ev. Christen aus Bangla Desh.	20,146
13. 10. VG München (M 2784 VII 80)	Verleihung der Rechte einer Körperschaft des öffentl. Rechts an eine Religionsgemeinschaft.	20,149
19. 11. VG Düsseldorf (1 K 2700/81)	Rechtsweg für vermögensrechtl. Ansprüche von Geistlichen.	20,190
23. 11. VG Augsburg (Au 1 K 81 A.322)	Konkordatsrechtliche Beanstandung eines Universitätsassistenten.	20,202
9. 12. VG Köln (6 K 902/82)	Zulassung zum Studium an kirchl. Fachhochschule.	20,231
1983		
21. 1. VG Stade (1 VG 1 43/80)	Zur Frage der Nichtigkeit eines Kirchensteuerbescheids.	21,30
11. 2. VG Stade (2 VG A 430/79)	Zur Bemessungsgrundlage der Kirchensteuer in glaubensverschiedener Ehe.	21,34
25. 2. SchlH.VG (1 A 79/81)	Höhe der Kirchensteuerzahlungsschuld bei Kirchenaustritt während des Steuerjahres.	21,45

9. 3. VG Arnsberg (8 K 2232/82)	Ziel und Inhalt der der Vorbereitung auf das geistl. Amt dienenden Tätigkeit im Sinne des § 11 ZDG.	21,52
29. 4. SchlH.VG (1 A 81/82)	Erhebung von Kirchgeld in der Nordelbischen Ev.-Luth. Kirche.	21,89
2. 5. SchlH.VG (1 A 13/81)	Kirchensteuerberechtigung einer Religionsgemeinschaft.	21,100
2. 5. SchlH.VG (1 A 249/81)	Kirchgelderhebung in glaubensverschiedener Ehe.	21,104
14. 7. VG Stuttgart (VRS 1 K 4/83)	Klage auf kirchl. Anerkennung als Katechetin vor dem Verwaltungsgericht unzulässig.	21,174
21. 7. VG Stade (1 VG A 81/81)	Die Höhe der Kirchensteuer richtet sich nach der Rechtslage am Wohnsitz des Steuerpflichtigen.	21,177
11. 10. VG Ansbach (Nr. AN 2 K 82 A.2111)	Anfechtungsklage gegen kirchl. Prüfungsentscheidung.	21,257
21. 12. VG Ansbach (Nr. AN 869-I/79 [XVII])	Zur Kirchenbaulast an der Bergkirche in Kaubenheim.	21,341
1984		
13. 2. VG Darmstadt (IV/2 E 398/82)	Erhebung von Kirchgeld nach hess. Landesrecht.	22,16
14. 3. VG Wiesbaden (VII/1 E 184/82)	Zu den Voraussetzungen der Befreiung eines Predigers (Diakons) der Zeugen Jehovas vom Zivildienst.	22,23
10. 4. SchlH.VG (12 D 34/84)	Betrieb eines sog. Freizeitparks am Karfreitag.	22,72
14. 5. VG Stuttgart (3 K 2644/83)	Zur Erstattung von Beiträgen zur zusätzl. Alters- u. Hinterbliebenenversorgung nach dem Arbeitsplatzschutzgesetz.	22,97
10. 7. VG Wiesbaden (VI/1 E 596/82)	Sind Paßbilder islam. Frauen mit Kopfbedeckung nach paßrechtl. Vorschriften zulässig?	22,134

20. 7. VG Wiesbaden (VIII/2 E 1234/82)	Zur Zivildienstpflicht eines Betheldieners der Zeugen Jehovas.	22,151
25. 7. VG München (M 1392 VII 84)	Im Vereinsrecht gibt es kein Religionsprivileg.	22,166
4. 9. VG München (M 4180 XVI 84)	Betrieb einer Gaststätte durch ein Mitglied der Bhagwan-Bewegung.	22,196
14. 9. VG Mainz (1 L 116/84)	Absetzung einer Fernsehsendung wegen Verletzung religiöser Empfindungen.	22,200
9. 10. VG Gelsenkirchen (12 K 2614/84)	Befreiung vom Wehrdienst für Geistliche einer Weltanschauungsgemeinschaft, die keine Gemeindemitglieder hat.	22,204
6. 11. VG Mainz (3 K 10/84)	Festsetzung eines besonderen Kirchgeldes in glaubensverschiedener Ehe.	22,219
21. 12. VG München (M 5661 V 84)	Ist das Tragen der Bhagwan-Kleidung im Schulunterricht zulässig?	22,285
1985		
8. 3. VG Berlin (10 A 552/83)	Kirchensteuerpflicht kath. Ausländer.	23,30
19. 3. VG Aachen (5 K 1721/83)	Ersatzschulfinanzierung und Sphärenerlaß.	23,37
19. 3. VG München (M 4668 XII 84)	Befreiung vom Zivildienst.	23,43
21. 3. VG Oldenburg (6 VG A 279/83)	Trennungsgeld eines Vikars, Rechtsweg.	23,46
17. 4. VG Oldenburg (3 VG D 27/85)	Anspruch auf zusätzliche Leistungen aus Sozialhilfe wegen des Aufwandes für eine Konfirmation.	23,64
23. 4. VG Wiesbaden (IX/2 E 641/83)	Erhebung von Kirchgeld in glaubensverschiedener Ehe.	23,74
14. 6. VG Hamburg (20 VG 762/85)	Verbot bhagwan-typischer Kleidung im Unterricht.	23,120
4. 7. SchlH.VG (1 A 228/84)	Kirchensteuer von pauschalierter Lohnsteuer.	23,129

24. 7. VG Bayreuth (B 106–I/79)	Kirchenbaulast nach der Markgräflich-Brandenburgischen Konsistorialordnung von 1954.	23,144
29. 7. VG Würzburg (W 6 E 85 A.0787)	Glockenläuten und Lärmschutz.	23,147
20. 9. VG Münster (1 K 237/84)	Kirchl. Charakter einer Stiftung.	23,183
14. 10. VG Hamburg (21 VG 1663/85)	Straßenwerbung für Scientology-Kirche, Sondernutzungserlaubnis.	23,211
6. 11. VG Regensburg (RO 6 S 85 A.1821)	Aufenthaltserlaubnis für Missionar der Vereinigungskirche.	23,238
1986		
29. 1. VG Braunschweig (6 VG A 158/85)	Erhebung pauschalierter Lohnkirchensteuer für konfessionslose Arbeitnehmer.	24,8
31. 1. VG Köln (10 K 5029/84)	Bhagwan-Gemeinschaft, kritische Beurteilung durch staatl. Organe.	24,10
19. 2. VG Gelsenkirchen (7 K 4307/84)	Landeszuschuß f. kirchl. Kindergarten.	24,49
26. 2. VG Hannover (1 VG A 22/84)	Vorausleistungspflicht betr. Friedhofsgebühren.	24,60
28. 2. VG Berlin (VG 10 A 328.85)	Fortführung der Kirchensteuerpflicht bei Wohnsitzwechsel in andere Landeskirche.	24,63
18. 3. VG Köln (14 K 1567/85)	Straßenrechtl. Erlaubnis f. Informationsstand einer Sekte.	24,81
26. 3. VG Minden (3 K 1071/85)	Hinterbliebenenversorgung f. Kleriker, Rechtsweg.	24,104
26. 3. VG Oldenburg (3 VG D 43/86)	Keine zusätzlichen Leistungen aus der Sozialhilfe für Aufwand anläßl. einer Taufe.	24,106
5. 6. VG Sigmaringen (4 K 732/85)	Entziehung der Rechtsfähigkeit eines eingetragenen Vereins, der rel. Zielsetzungen in Verbindung mit einem wirtschaftlichen Geschäftsbetrieb verfolgt.	24,136

9. 7. VG Augsburg (4 K 84 A.1301)	Abbruchgenehmigung für Pfarrstadel.	24,172
16. 7. VG Karlsruhe (4 K 4/86)	Stundenschlag einer Kirchturmuhr als Geräuschimmission.	24,182
4. 9. VG Düsseldorf (4 K 2892/86)	Eintragung einer nicht mehr genutzten Kirche in die Denkmalliste.	24,218
14. 10. VG Köln (10 K 4461/85)	Entlassung aus dem Kirchenbeamtenverhältnis, Rechtsweg.	24,249
12. 11. VG Stade (2 VG A 201/82)	Kirchensteuerpflichtigkeit eines Tantiemenbezugs nach Kirchenaustritt.	24,284
1987		
6. 2. VG Koblenz (8 K 75/86)	Kirchgeld in glaubensverschiedener Ehe.	25,24
4. 3. SchlH.VG (1 A 500/85)	Kirchgeldregelungen in Schleswig-Holstein.	25,44
10. 3. VG Mainz (3 K 136/86)	Kirchgeld in glaubensverschiedener Ehe.	25,47
11. 3. VG Stade (2 VG A 173/83)	Rückforderung einbehaltener Kirchensteuer wegen Fehlens der kirchl. Mitgliedschaft.	25,52
14. 4. VG Darmstadt (IV/2 E 1715/84)	Tod des Kirchensteuerpflichtigen im Laufe des Steuerjahres.	25,123
14. 4. VG Düsseldorf (3 K 977/85)	Gewerbliche Tätigkeit einer Religionsgemeinschaft.	25,125
18. 5. VG Regensburg (RO 3 K 85 A.1612)	Verwaltung einer Stiftung konfessionellen Charakters.	25,181
4. 6. VG Karlsruhe (6 K 27/87)	Kriegsdienstverweigerung im Hinblick auf das buddhistische Tötungsverbot.	25,204
11. 6. VG Stade (2 VG A 83/85)	Kirchensteuer-Erstattung bei unterschiedlichem Hebesatz an Betriebs- und Wohnstätte.	25,209
1. 7. SchlH.VG (1 A 169/83)	Beweislast für kirchl. Mitgliedschaft.	25,231

3. 7. VG Koblenz (8 K 79/85)	Kirchgeld in glaubensverschiedener Ehe.	25,234
21. 7. VG Koblenz (2 K 89/87)	Kirchgeld in glaubensverschiedener Ehe.	25,250
11. 9. VG Arnsberg (1 K 199/87)	Zulassung gewerblicher Arbeiten auf kirchl. Friedhof.	25,310
8. 10. VG Würzburg (Nr. W 1 K 87 128)	Übertragung eines kommunalen Kindergartens auf kirchl. Träger.	25,334
18. 12. SchlH.VG (1 A 77/87)	Erhebung von Kirchgeld in glaubensverschiedener Ehe eines Ausländers.	25,393

E. FINANZGERICHTE

I. Bundesfinanzhof

1950		
9. 6. (II 30/50)	Befreiung kirchlicher Grundstücke von der Rentenbankgrundschuld.	1,102
1951		
30. 1. (II 123/50 S)	Steuerfreiheit von Ausspielungen zu ausschließlich und unmittelbar mildtätigen Zwecken.	1,145
9. 2. (IV 347/50 S)	Steuerliche Behandlung der Einkünfte von Ordensangehörigen.	1,147
19. 12. (IV 388/51 U)	Zulässigkeit des Abzugs von Sonderausgaben durch Ordensangehörige.	1,202
1953		
20. 3. (IV 249/52 U)	Zur Einkommenssteuerpflicht für Einkünfte von katholischen Ordensangehörigen.	2,42
21. 8. (III 109/53 S)	Grundsteuerfreiheit von Pfarrdienstwohnungen.	2,142

1954		
12. 2. (III 163/53 S)	Zum Begriff des Geistlichen i. S. des § 24 Abs. 1 Buchstabe k des preußischen Kommunalabgabengesetzes.	2,186
6. 5. (IV 323/53 U)	Der Bundesfinanzhof ist zur Entscheidung von Kirchensteuerangelegenheiten im Lande Nordrhein-Westfalen nicht zuständig.	2,254
22. 7. (IV 438/53 U)	Der Bundesfinanzhof ist zur Entscheidung von Kirchensteuerangelegenheiten im Lande Berlin nicht zuständig.	2,307
23. 7. (III 177/53 U)	Zur Grundsteuerfreiheit von Pastoralland.	2,308
23. 7. (III 67/54 U)	Zur Grundsteuerfreiheit von Dienstwohnungen der Geistlichen und Kirchendiener.	2,314
22. 10. (III 74/54 S)	Grundsteuerfreiheit eines Alters- und Erholungsheimes für Diakonissen.	2,336
1955		
16. 9. (III 145/55 S)	Grundsteuerfreiheit für Dienstgrundstücke und Dienstwohnungen der Geistlichen und Kirchendiener.	3,131
16. 9. (III 120/55 S)	Grundsteuerfreiheit von Grundbesitz, der nach dem 31. 3. 1938 erstmalig als Dienstwohnung eines Geistlichen benutzt worden ist.	3,138
23. 12. (III 3/55 U)	Die Ausbildung in hausfraulichen Arbeiten ist i. S. des Grundsteuerrechts als Ausbildung für einen Beruf anzusehen.	3,238
1956		
14. 6. (IV 143/55 U)	Unzuständigkeit der Steuergerichte zur Entscheidung über Kirchenlohnsteuerangelegenheiten im Landesbezirk Württemberg.	3,312
11. 7. (V 286/55 U)	Zum Begriff der freien Wohlfahrtspflege.	3,322
26. 7. (V 90/53 U)	Zum Begriff der freien Wohlfahrtspflege.	3,332

1958		
5. 9. (III 179/57 U)	Anerkennung einer Stiftung des öffentlichen Rechts.	4,342
17. 10. (IV 260/57 U)	Die Ablösung auf landwirtschaftlichem Grundbesitz ruhender dinglicher Pfarr- und Küstergefälle ist steuerrechtlich nicht abzugsfähig.	4,359
14. 11. (III 303/56 S)	Umfang der Grundsteuerfreiheit kirchlicher Bildungsanstalten.	4,365
1959		
10. 7. (III 283/58 U)	Ein Kirchengrundstück kann nicht deshalb als Dienstgrundstück eines Kirchendieners gelten, weil der Ertrag des Grundstücks zur Besoldung des Kirchendieners verwendet wird.	5,65
1960		
5. 2. (VI 204/59 U)	Zur Absetzbarkeit der Kirchensteuer als Sonderausgabe.	5,135
28. 10. (III 134/56 U)	Zur Frage der Gemeinnützigkeit einer Stiftung.	5,248
1962		
23. 2. (VI 205/60 U)	Rechtsmittel gegen Entscheidungen des Finanzgerichts Hamburg.	6,34
23. 2. (VI 270/60 U)	Für die Landeskirchensteuerpflicht ist die Zugehörigkeit zum Bekenntnis der besteuernden Kirche entscheidend.	6,37
4. 5. (VI 251/60)	Formerfordernis für die Austrittserklärung aus einer Religionsgemeinschaft.	6,77
11. 5. (VI 55/61 U)	Lohnsteuerpflicht bei Vergütungen für Ordensleute.	6,83
2. 8. (V 37/60 U)	Einrichtungen der sog. gebundenen Erwachsenenbildung als Volkshochschulen i. S. des Umsatzsteuergesetzes.	6,121

17. 8. (VI 290/56 U)	Kirchensteuerrechtliche Behandlung konfessionsverschiedener Ehen.	6,128
24. 8. (VI 106/62 U)	Aufwendungen eines Pastors für eine Reise in biblische Länder als Werbungskosten.	6,136
1963		
28. 6. (VI 45/63 U)	Sind Aufwendungen eines Geistlichen für Fachbücher und Mikrofilme von Predigthandschriften Werbungskosten?	6,265
1964		
9. 1. (IV 93/62 U)	Steuerrechtliche Behandlung der Honorarzahlungen eines Verlages an einen kirchlichen Orden für ein von einem Ordensgeistlichen verfaßtes Werk.	7,1
1965		
9. 7. (VI 174/63 U)	Zum prämienbegünstigten Sparen von Angehörigen katholischer Orden und Kongregationen.	7,213
16. 7. (V 125/63 U)	Voraussetzungen für die Grundsteuerfreiheit eines im Eigentum einer öffentlich-rechtlichen Religionsgesellschaft stehenden Garagengrundstücks.	7,223
30. 7. (III 1/63 U)	Zur Grundsteuerfreiheit der Dienstgrundstücke von Geistlichen im Gebiet der ehemaligen Provinz Hannover.	7,229
30. 7. (VI 205/64 U)	Diakonisse, Anspruch auf Wohnungsbauprämie.	7,237
1966		
24. 5. (I 236/63)	Keine Erstattung der Kapitalertragsteuer bei öffentlich-rechtlichen Religionsgemeinschaften.	8,88
13. 7. (II 140/63)	Zum Begriff des Überganges von Aufgaben i. S. von § 4 Abs. 1 Nr. 5 GrEStG.	8,121
30. 9. (III 267/62)	Erlaß von Lastenausgleichsabgaben für ein Grundstück, das ausschließlich und unmittelbar kirchlichen etc. Zwecken nutzbar gemacht wird.	8,172

7. 10. (III 283/63)	Grundsteuerfreiheit für religiöse Tagungsstätte.	8,181
11. 11. (VI 245/64)	Eintragung des evangelischen Bekenntnisstandes in der Lohnsteuerkarte.	8,235
18. 11. (VI R 167/66)	Steuerrechtliche Behandlung von Zuwendungen, die von kirchlichen Einrichtungen zur Förderung wissenschaftlicher Zwecke verwandt werden.	8,239
1967		
27. 1. (VI R 216/66)	Keine Anrechnung der Kirchensteuer auf den Streitwert einer Klage gegen den Einkommensteuerbescheid.	9,1
21. 7. (VI B 32/66)	Kirchenbehörde als Beteiligte im finanzgerichtlichen Verfahren.	9,201
1968		
10. 5. (VI R 106/67)	Angehörige katholischer Orden, prämienbegünstigtes Sparen.	10,88
12. 7. (VI B 4/68)	Die Eintragung der Zugehörigkeit zu einer bestimmten Religionsgemeinschaft in die Lohnsteuerkarte verstößt nicht gegen das Grundgesetz.	10,108
18. 10. (III 196/64)	Die im ehemaligen Landesbezirk Baden von einer gemeinnützigen GmbH erhobenen Kirchenbausteuern sind für den Erlaß von Hypothekengewinnabgabe-Leistungen wegen ungünstiger Ertragslage als Betriebskosten anzuerkennen.	10,190
6. 11. (I R 15/66)	Unterhalt des Ordensangehörigen als Betriebsausgabe des Geschäftsbetriebs eines Ordens.	10,213
1969		
31. 1. (VI R 188/67)	Berichtigung eines Kirchensteuerbescheids.	10,283
7. 2. (VI R 81/66)	Rechtsweg bei Streitigkeiten über Kirchensteuerhaftung.	10,287

28. 2. (VI R 163/67)	Kirchensteuer als Zuschlag zur Einkommensteuer.	10,335
5. 3. (I R 41/66)	Steuerrechtliche Behandlung des auf eine Verwaltungsgesellschaft übertragenen Ordensvermögens.	10,340
21. 3. (VI 59/65)	Kirchensteuer bei konfessionsverschiedener Ehe in der Ev.-luth. Landeskirche Schleswig-Holsteins.	10,349
19. 8. (VI R 261/67)	Anerkennung von Kirchensteuern als Sonderausgaben.	11,6
1970		
5. 2. (V R 62/66)	Umsatzsteuerpflicht eines Ordens für Leistungen gemäß einem Gestellungsvertrag.	11,142
26. 6. (VI R 95/69)	Vermerk über fehlende Religionszugehörigkeit in der Lohnsteuerkarte.	11,237
1971		
23. 4. (VI R 142/67)	Adressat einer Kirchenaustrittserklärung in Bayern, Festlegung des Kirchensteuer-Hebesatzes.	12,112
8. 7. (V R 1/68)	Umsatzsteuerrechtliche Beurteilung der Gestellung von Ordensschwestern für den staatlichen und kirchlichen Dienst.	12,221
9. 7. (III R 30/70)	Grundsteuerfreiheit für Kirchengut und Flurbereinigung.	12,233
9. 7. (III R 19/69)	Grundsteuerbefreiung von Dienstgrundstücken der Geistlichen und Kirchendiener.	12,237
20. 8. (VI R 176/69)	Zum Inhalt eines Kirchensteuer-Freistellungsbescheides.	12,285
1972		
24. 2. (IV R 2/68)	Aufwendungen eines Arztes für Betreuung von Pilgern als Spende im Sinne des Einkommensteuerrechts.	12,368
14. 7. (VI B 85/71)	Die Alternative, entweder Kirchensteuer zahlen zu müssen oder aus der Kirche auszutreten, verstößt nicht gegen Art. 4, Abs. 1 GG.	13,19

18. 10. (VI B 82/71)	Aufwandsentschädigung für Kirchenrendanten als Einkünfte aus nichtselbständiger Arbeit.	13,54
20. 10. (VI R 56/69)	Rechtsweg für Kirchensteuererstattungsanspruch.	13,56
1973		
12. 1. (III R 85/72)	Grundsteuerbefreiung für Dienstgrundstücke kirchl. Lehrkräfte.	13,116
12. 1. (VI R 255/68)	Kirchensteuererhebung nach den Grundsteuermeßbeträgen für land- u. forstwirtschaftl. Vermögen.	13,120
26. 1. (III R 40/72)	Eine Freimaurerloge dient nicht unmittelbar gemeinnützigen Zwecken.	13,128
2. 3. (VI B 78/72)	Kirchensteuerpflicht in konfessionsverschiedener Ehe.	13,196
15. 6. (VI R 35/70)	Die Anerkennung religiöser Zwecke i.S.d. § 10b EStG setzt nicht voraus, daß die Förderung der Religion gemeinnützig ist.	13,282
1974		
1. 3. (IV R 16/70)	Der Halbteilungsgrundsatz im Kirchensteuerrecht bei konfessionsverschiedener Ehe.	14,44
13. 3. (VI R 240/71)	Beendigung der Kirchensteuerpflicht bei Kirchenaustritt.	14,47
20. 6. (VI B 18/74)	Keine Berücksichtigung der Kirchenmitgliedschaft bei Kirchensteuer-Pauschalierung.	14,92
17. 9. (VI R 212/71)	Verfassungsmäßigkeit der Kirchensteuergesetzgebung in Nordrhein-Westfalen.	14,163
18. 10. (VI R 126/72)	Keine Einbeziehung der Kirchensteuer in den Streitwert bei einem Rechtsstreit über den Lohnsteuer-Jahresausgleich.	14,170
15. 11. (VI R 119/72)	Zur Dauer der Kirchensteuerpflicht nach Kirchenaustritt.	14,186
21. 11. (II R 107/68)	Zur Frage der Grunderwerbssteuerbefreiung für Objekte, die kirchlichen Erziehungsaufgaben dienen.	14,192

22. 11. (VI R 138/72)	Der Begriff „gezahlte Kirchensteuer" setzt eine wirtschaftliche Betrachtung der Einkommensteuer voraus.	14,194
1975		
16. 5. (III R 54/74)	Zur Grundsteuerbefreiung von Dienstwohnungen kirchlicher Beamter.	14,270
4. 6. (I R 250/73)	Zur Abzugsfähigkeit von Zahlungen an ausländische Religionsgemeinschaften.	14,293
4. 7. (VI R 173/72)	Angabe der Religionszugehörigkeit auf der Lohnsteuerkarte.	15,1
8. 10. (II R 24/70)	Grunderwerb durch ein kirchl. Krankenhaus und Altenheim.	15,52
24. 10. (VI R 39/72)	Rechtswegfragen in einer Kirchenerlaßsache.	15,71
24. 10. (VI R 123/72)	Zur Ermittlung u. Bemessung der Kirchensteuer bei Erlöschen der Kirchensteuerpflicht vor Ende des Veranlagungszeitraums.	15,74
24. 10. (VI R 82/73)	Zur Verfassungsmäßigkeit des Lohnabzugsverfahrens bei Kirchensteuer.	15,81
1976		
17. 2. (VIII R 34/75)	Kirchensteuer und konfiskatorischer Charakter einer Gesamtsteuerbelastung.	15,220
1977		
18. 11. (VI R 16/75)	Zur Frage der Kirchensteuerpflicht bei Aufrechterhalten des Bekenntnisses trotz Kirchenaustritts.	16,239
1979		
16. 2. (III R 45/76)	Ist ein Gymnasiallehrer im kirchl. Ersatzschuldienst Kirchendiener i. S. des GrStG?	17,179
23. 2. (III R 38/77)	Grundsteuerbefreiung von Wohnräumen religiöser Vereine.	17,192
22. 6. (VI R 43/76)	Zur Abzugsfähigkeit der Kosten für eine sog. christl.-wissenschaftl. Heilbehandlung als außergewöhnliche Belastung.	17,249

26. 9. (VI R 27/77)	Kirchensteuerpflicht in konfessionsverschiedener Ehe.	17,314
26. 9. (VI R 74/77)	Mitgliedschaftsrechtl. Zuordnung zu einer evang. Landeskirche bei Wohnsitzwechsel.	17,318
1982		
1. 12. (II R 179/79)	Kirchensteuer in glaubensverschiedener Ehe.	20,223
1. 12. (II R 19/82)	Art. 2 BayKiStG ist nicht revisibel.	20,226
1983		
4. 5. (II R 180/79)	Anknüpfung der Kirchensteuerpflicht an Taufe und Wohnsitz.	21,107
27. 7. (II R 21/83)	Zur Klagebefugnis bzgl. Kirchensteuerbescheid in glaubensverschiedener Ehe.	21,208
27. 9. (II R 178/79)	Zur verfahrensrechtlichen Berücksichtigung eines i. d. DDR erklärten Kirchenaustritts.	21,238
14. 12. (II R 170/81)	Ist § 4 Abs. 1 Hamb.KiStG mangels ausreichender Konkretisierung der Ermächtigung verfassungswidrig?	21,318
1984		
15. 2. (II R 219/81)	Zur Frage des Wirksamwerdens der Kirchenaustrittserklärung im Kirchensteuerrecht.	22,18
1985		
7. 8. (I R 309/82)	Konfessionsangabe in Kirchensteuerbescheid.	23,151
11. 12. (I R 207/84)	Kirchensteuerpflicht und Einschränkung der Mitgliedschaftsrechte durch Kirchenstrafe.	23,283
1987		
24. 3. (1 B 129/86)	Ermessensentscheidung der Kirchensteuerbehörde.	25,70
13. 5. (II R 225/82)	Grundsteuerbefreiung für kirchl. Dienstgrundstück.	25,174
22. 7. (II R 204/85)	Grundsteuerbefreiung für kirchl. Dienstgrundstück.	25,253

II. OFH München

1946		
12. 2. (I 1/46)	Zum Begriff der öffentlich-rechtlichen Körperschaft im Sinne des Steuerrechts.	1,1
13. 2. (VI 129/44 U)	Einkommensteuerpflicht der sog. Ökonomiepfarrer hinsichtlich ihrer Einkünfte aus dem Pfründevermögen.	1,9

III. Finanzgerichte

1950		
11. 5. FG Nürnberg (K I 247/50)	Zur Frage der Umsatzsteuerpflicht für Kollekten.	1,100
1952		
31. 1. FG Stuttgart (II 711/51 FG 2)	Steuerfreiheit der Hingabe eines städtischen Grundstücks für den Bau eines Kirchengemeindehauses.	1,231
1953		
5. 8. FG Düsseldorf (FG I; 1/53 Ki)	Voraussetzungen für die Erhebung von Kirchensteuern.	2,137
1954		
23. 2. FG Münster (FG II u Nr. 250 bis 256/53)	Zur Umsatzsteuerpflicht einer unternehmerischen Tätigkeit von Körperschaften des öffentlichen Rechts.	2,195
1956		
20. 7. FG Karlsruhe (II 445/55)	Ist die Kirchenlohnsteuer nach den am Ort der Betriebsstätte maßgebenden Kirchensteuersätzen oder nach den am jeweiligen Wohnsitz der Arbeitnehmer geltenden Sätzen zu erheben?	3,325
7. 8. FG Stuttgart (II 670/55 – FG 21)	Zur Frage der Kirchensteuerpflicht in glaubensverschiedenen Ehen.	3,339

1958		
14. 10. FG München (FG II 189/58)	Verfassungsmäßigkeit der Einbehaltung von Kirchensteuern von den Gehaltsbezügen des Ehemannes für seine einer anderen Religionsgemeinschaft angehörende Ehefrau.	4,350
4. 12. FG München (FG III 219/58)	Heranziehung eines nicht umlagepflichtigen Ehegatten zur Kirchensteuer.	4,382
1960		
25. 2. FG Nürnberg (Berufungsliste K III 192/58)	Die keiner Religionsgemeinschaft angehörenden Eltern können steuerrechtlich nicht als Schuldner für die Kirchensteuer ihres minderjährigen Sohnes in Anspruch genommen werden.	5,141
30. 8. FG Nürnberg (Berufungsliste K II 199–201/59)	Für die Landeskirchensteuerpflicht ist die Zugehörigkeit zum Bekenntnis der besteuernden Kirche entscheidend.	5,213
29. 11. FG Nürnberg (Berufungsliste K I 40–44/57)	Zur Frage der Zusammenveranlagung von Ehegatten nach dem bayerischen Kirchensteuergesetz vom 1. 12. 1941.	5,274
15. 12. FG Nürnberg (Berufungsliste K I 348–349/58)	Anrechnungsmöglichkeit der Kirchengrundsteuer auf die Kircheneinkommensteuer oder Kirchenlohnsteuer.	5,279
1961		
28. 4. FG Nürnberg (Berufungsliste K II 254–256/60)	Rechtsgültigkeit des Art. 9 Abs. 2 des bayerischen Kirchensteuergesetzes vom 26. 11. 1954.	5,303
1962		
16. 4. FG München (FG III 231/61)	Wechselseitige Anwendung der Kircheneinkommensteuer und der Kirchengrundsteuer nach bayerischem Kirchensteuerrecht.	6,72
11. 9. FG Hannover (I 105/61)	Dienstgrundstück i. S. der Grundsteuervorschriften.	6,138
26. 9. FG Karlsruhe (I 231/61)	Lohnsteuerrechtliche Beurteilung der Tätigkeit eines Ordensangehörigen.	6,140

1964		
25. 8. FG Hamburg (III 200/63)	Die Kirchensteuerpflicht erlischt nicht dadurch, daß der Pflichtige während längerer Zeit den Gottesdienst nicht besucht.	7,90
17. 12. FG Karlsruhe (I 165/64)	Der Erwerb eines Wohnhauses, das ausschließlich als Pfarrerdienstwohnung verwendet wird, ist grunderwerbsteuerfrei.	7,146
1965		
29. 7. FG Düsseldorf (XI 14/65 L)	Welche Aufwendungen eines als Religionslehrer tätigen katholischen Geistlichen sind Werbungskosten?	7,226
7. 10. FG Hannover (VII 221/65)	Spenden an eine Kirche, die keine Kirchensteuer erhebt, sind nicht wie Kirchensteuern als Sonderausgaben abzugsfähig.	7,247
1966		
30. 11. FG Düsseldorf (I 335/66 Ki)	Zur Zuständigkeit der Kirchenbehörde für die Entscheidung über den Einspruch gegen einen Kirchensteuerbescheid.	8,250
1967		
20. 2. FG Münster (VII 3034/66 A)	Ordensangehörige können trotz des Armutsgelübdes prämienbegünstigt sparen.	9,21
8. 5. FG München (I 200/65)	Berichtigung eines Kirchensteuerbescheides zum Nachteil des Steuerpflichtigen.	9,111
6. 6. FG Rheinland-Pfalz (II 289–292.66)	Spätere Erstattung der Kirchensteuer hindert nicht ihre Absetzung als Sonderausgaben.	9,143
12. 6. FG München (I 168/66)	Keine Kirchensteuerbefreiung für Bundeswehrangehörige.	9,147
20. 7. FG Münster (FG I 2290/66 E)	Wohnungskostenpauschale für nebenamtliche Seelsorge eines als Hochschullehrer tätigen Geistlichen.	9,198
1968		
25. 4. FG München (IV 88/67)	Ist die unentgeltliche Zuwendung an eine Ordensangehörige erbschaftsteuerlich als Zuwendung an den Orden anzusehen?	10,68

28. 6. SchlH. FG (II 59/68)	Rechtsweg in Kirchensteuersachen in Schleswig-Holstein.	10,103
23. 8. FG Düsseldorf (VI 9/68)	Beendigung der Kirchensteuerpflicht nach Austritt.	10,146
23. 8. FG Düsseldorf (VI 13/68 Ki)	Ein Arbeitnehmer, der den Kirchenaustritt erklärt hat, darf nicht verpflichtet werden, weiterhin Kirchensteuer deshalb zu zahlen, weil sein Ehegatte einer Kirche angehört.	10,149
13. 12. FG Bremen (I 112/67)	Zum Halbteilungsgrundsatz im Kirchensteuerrecht.	10,234
1969		
22. 10. FG Baden-Württemberg (V 103/68)	Verfassungsmäßigkeit des Halbteilungsgrundsatzes bei konfessionsverschiedener Ehe.	11,54
11. 12. FG Münster (IV 3/67 GrE)	Freistellung von Grunderwerb durch die Kirchen von der Grunderwerbssteuer.	11,86
12. 12. Niedersächs. FG (I 10/68)	Grundsteuerbefreiung der im Wege der Flurbereinigung erworbenen kirchl. Grundstücke.	11,105
1970		
21. 1. FG Hamburg (I 93/68)	Kirchensteuerveranlagung durch ein Finanzamt trotz fehlender Übertragung der Kirchensteuerverwaltung.	11,134
6. 3. FG des Saarlandes (Gz 251/68)	Zeitpunkt der Beendigung der Kirchensteuerpflicht bei Kirchenaustritt.	11,156
22. 7. FG Baden-Württemberg (V 17/70)	Zeitpunkt des Wirksamwerdens einer Kirchenaustrittserklärung.	11,253
17. 12. FG Baden-Württemberg (I 528/67)	Zur Anwendung des Halbteilungsgrundsatzes bei der Kirchensteuer in konfessionsverschiedenen Ehen.	11,406
1971		
14. 1. FG Münster (VI 1676/69 Ki)	Die Kirchensteuergesetzgebung in Nordrhein-Westfalen ist verfassungskonform.	12,32

18. 3. FG Münster (VI 150/69 Ki)	Die Kirchensteuergesetzgebung in Nordrhein-Westfalen ist verfassungskonform.	12,57
23. 4. FG Münster (VI 1591/66 Ki)	Kirchensteuer-Jahresausgleich bei unterschiedlichem Hebesatz an Arbeitsstätte und Wohnsitz.	12,120
3. 6. FG Hamburg (I 61/70)	Beendigung der Kirchensteuerpflicht nach Kirchenaustritt.	12,181
17. 8. FG Rheinland-Pfalz (II 402/66)	Zur Frage der Lohnsteuerpflicht eines Kirchenrechners.	12,280
8. 12. FG Bremen (II 44,84/71)	Zur Frage der Zuständigkeit und des Verfahrens für den Erlaß von Kirchensteuer.	12,340
1972		
18. 1. FG München (VII 113/70)	Kircheneinkommensteuer unter Berücksichtigung des deutsch-österr. Doppelbesteuerungsabkommens.	12,364
29. 2. FG München (VII 22/71)	Bestimmung des Kirchensteuer-Umlagesatzes.	12,386
14. 4. Niedersächs. FG (I 34/70)	Grundsteuerpflicht für kirchl. Dienstgrundstück.	12,424
16. 5. Hess. FG (II 96/72)	Rechtsweg in Kirchensteuersachen im Land Hessen.	12,490
27. 6. FG Nürnberg (II 72/68)	Besteuerungsmaßstab für Kirchensteuer in glaubensverschiedener Ehe.	12,507
27. 6. FG Nürnberg (II 27/70)	Der Halbteilungsgrundsatz im Kirchensteuerrecht bei konfessionsverschiedener Ehe verstößt nicht gegen das Grundgesetz.	12,513
24. 7. FG Hamburg (I 8/72)	Kein Anspruch auf Ausstellung einer Lohnsteuerkarte ohne Konfessionseintrag.	13,30
26. 10. FG Rheinland-Pfalz (I 137/69)	Grundsteuerbefreiung für Dienstgrundstücke der Geistlichen.	13,60
7. 11. FG Düsseldorf (VI 150/72 A)	Spätere Wohnsitzwechsel und der Wille, der ev. Kirche als Glaubensgemeinschaft weiterhin angehören zu wollen, haben keinen Einfluß auf die Wirksamkeit des Kirchenaustritts.	13,70

1973		
21. 2. FG Baden-Württemberg (V 11/72)	Kirchensteuererhebung bei Ehegatten, die in glaubensverschiedener Ehe leben.	13,153
23. 2. FG Hamburg (I 65/71)	Zur Frage der Verfassungsmäßigkeit des Lohnabzugsverfahrens bei Kirchensteuer.	13,166
27. 2. FG Düsseldorf (VI 52/70 Ki)	Zur Frage des Fortbestandes der Kirchensteuerpflicht bei Umzug in das Gebiet einer anderen ev. Landeskirche.	13,177
28. 5. FG Düsseldorf (VI 185/72 A)	Zur Frage der Kirchen(Kultus-)steuerpflicht bei fehlendem Mitgliedschaftswillen.	13,274
18. 9. Niedersächs. FG (VI 17/73)	Rechtsweg für Haftungssachen wegen Kirchenlohnsteuer.	13,351
18. 12. FG Nürnberg (II 113/73)	Nichtberücksichtigung der Kirchenmitgliedschaft bei Lohnkirchensteuer-Pauschalierung.	13,436
1974		
16. 1. FG Düsseldorf (I 132/72 Ki)	Besteuerungsmaßstab für Kirchensteuer bei glaubensverschiedenen Ehegatten.	14,6
18. 6. Hess. FG (VI 73/74)	Rechtsweg bei Streitigkeiten zur Haftung bei Kirchenlohnsteuer.	14,89
27. 6. FG Hamburg (I 30/71)	Zur Kirchensteuerveranlagung bei Zuzug eines Kirchensteuerpflichtigen von Schleswig-Holstein nach Hamburg.	14,100
30. 10. FG Düsseldorf (VI 149/72 Ki)	Zur Frage der Kirchensteuerpflicht bei Aufrechterhaltung des Bekenntnisses trotz Kirchenaustritt.	14,171
19. 11. FG Münster (VI 165/74 Ki)	Die Beendigung der Kirchenzugehörigkeit und das Erlöschen der Kirchensteuerpflicht sind von einer förmlichen Austrittserklärung abhängig.	14,188
27. 11. FG Baden-Württemberg (V 181/74)	Bestimmung der Bemessungsgrundlage für die Kirchen-Einkommensteuer in glaubensverschiedenen Ehen unter Zugrundelegung der Einkünfte eines jeden Ehegatten.	14,204

1975		
22. 1. FG Düsseldorf (VI 184/72 Ki)	Zur Frage der Rechtswidrigkeit des Austritts aus dem Judentum und aus einer jüdischen Kultusgemeinde.	**14**,231
4. 2. FG Baden-Württemberg (IV 1/74)	Zur Lohnsteuerpflicht für Hochzeitsgaben an eine Diakonieschwester.	**14**,241
19. 9. FG Münster (II 1829/74 E)	Anschaffung eines Kirchenmusikers als Werbungskosten.	**15**,39
6. 11. FG Bremen (II 91–95/73)	Zum Verbot des Halbteilungsgrundsatzes.	**15**,99
26. 11. FG Düsseldorf (VI 45/71 Gr)	Grundsteuerbefreiung für Dienstgrundstücke kirchl. Lehrkräfte.	**15**,115
18. 12. FG Bremen (I 84/74)	Die Kosten für eine sog. christl.-wissenschaftl. Heilbehandlung sind als außergewöhnliche Belastung abzugsfähig.	**15**,182
1976		
14. 1. Niedersächs. FG (IX 46/75 E)	Keine Einbeziehung von Kirchensteuer in die Streitwertberechnung bei Lohnsteuerhaftungssachen.	**15**,188
28. 1. FG Baden-Württemberg (V 285/74)	Absetzbarkeit der Kosten einer Israelreise eines Religionslehrers.	**15**,201
10. 2. FG Berlin (V 65/75)	In Berlin sind zur Entscheidung in Kirchensteuersachen allein die Verwaltungsgerichte berufen.	**15**,214
27. 4. FG Düsseldorf (V 85/75 E)	Theologiestudium als Fortbildung im steuerrechtl. Sinne.	**15**,250
27. 4. FG München (VII 13/72)	Bindung der Kirchensteuer an die Einkommensteuer.	**15**,252
18. 5. FG Berlin (IV 104/75)	Gemeinnützigkeit eines Feuerbestattungsvereins.	**15**,270
2. 12. FG Nürnberg (VI 40/76)	Kirchensteuerpflicht in konfessionsverschiedener Ehe.	**15**,421

17. 12. FG Nürnberg (III 105/76)	Religionsunterricht als selbständige wissenschaftl. Nebentätigkeit.	15,450
1977		
25. 1. FG München (VII 9/73 Ki)	Der Anspruch auf Kirchensteuer verjährt mit der Einkommensteuer.	16,13
25. 1. FG München (VII 108/73)	Eine Ablaufhemmung bzgl. der Verjährung von Einkommensteuer gilt auch für Kirchensteuer.	16,16
28. 1. FG des Saarlandes (Gz 132/74)	Das Wohnsitzprinzip im kirchl. Mitgliedschaftsrecht ist verfassungskonform.	16,28
15. 2. FG Düsseldorf (I 73/73 Ki)	Kein Kirchenaustritt durch bloße Wohnsitzverlegung vom Reichsgebiet in das damalige Reichsprotektorat Böhmen u. Mähren.	16,71
1. 8. FG Nürnberg (II 58/73)	Aufwendungen für Israelreise eines Religionspädagogen als Werbungskosten.	16,150
27. 9. FG Nürnberg (II 58/73)	Aufwendungen für Israelreise eines Religionspädagogen als Werbungskosten.	16,186
1978		
23. 5. FG Hamburg (IV 26/77)	Abführung der Kirchensteuer bei Lohnsteuerpauschalierung.	16,398
23. 6. FG des Saarlandes (Gz 18/76)	Erlaß von Kirchensteuer im Hinblick auf die zum Teil eingeführte Höchstbetragsbegrenzung (Kappung).	16,434
23. 11. FG Münster (VIII-IV 907/75 GrE)	Grunderwerbsteuerbefreiung bei Grunderwerb für kirchliche Zwecke.	17,117
13. 12. SchlH. FG (IV 226–227/78)	Rechtsweg in Kirchensteuersachen in Schleswig-Holstein.	17,134
15. 12. Niedersächs. FG (V [IV] 109/73)	Gewinnbringende Missionarstätigkeit kein Gewerbe.	17,138
1979		
15. 11. Hess. FG (IX 173/77)	Besteuerung von Einkünften nebenberuflicher Kirchenmusiker.	17,362

1980		
6. 2. FG Hamburg (IV 179/78)	Keine kirchensteuerliche Auswirkung von Vergünstigungen nach §§ 16, 17 BerlinFG bei Kappung der Kirchensteuer.	**18,7**
6. 2. FG Hamburg (IV 180/78)	Minderung der für Kinderunterhalt gewährten Kirchensteuerentlastung bei Kappung der Kirchensteuer.	**18,9**
20. 2. FG Berlin (II 315/79)	Werbungskosten einer pensionierten Pastorin.	**18,13**
29. 5. FG Münster (VI 1927/79)	Erstattung von Kirchensteuer für den Zeitraum nach Kirchenaustritt.	**18,189**
9. 7. Niedersächs. FG (IX 48/80)	Rechtsweg für Kirchensteuersachen in Niedersachsen.	**18,214**
1981		
13. 1. FG Köln (XI [VI] 462/76 Ki)	Bemessungsgrundlage für Kirchensteuer bei glaubensverschiedenen Ehegatten.	**18,375**
22. 1. FG Nürnberg (VI 304/78)	Höhe der Kirchensteuerzahlungsschuld bei Kirchenaustritt während des Steuerjahres.	**18,385**
10. 3. FG Köln (XI 167/77 Ki)	Kirchensteuer von Bundeswehrangehörigen bei unterschiedlichem Hebesatz.	**18,431**
28. 4. FG München (VII 133/74)	Kirchenmitgliedschaft eines aus Rumänien zugezogenen ev. Christen.	**18,484**
24. 7. FG Hamburg (IV 168/80 H)	Verfassungswidrigkeit der Regelung über Kirchgeld in glaubensverschiedener Ehe nach dem Recht der Nordelbischen Ev.-Luth. Kirche.	**19,1**
12. 11. FG Nürnberg (VI 60/79)	Heranziehung eines Ausgetretenen zur Kirchensteuer.	**19,139**
13. 11. FG Baden-Württemberg (IX 262/78 V 215/78)	Bemessungsgrundlage der Kirchensteuer bei glaubensverschiedener Ehe.	**19,143**

1982		
9. 2. FG München (VII 172/76)	Mitgliedschaftsrechtliche Zuordnung zu einer evang. Landeskirche nach Wohnsitzwechsel.	19,217
9. 3. FG Düsseldorf (XI 317/81 Gr)	Grundsteuerbefreiung für kirchl. Dienstgrundstück.	19,257
25. 3. Hess. FG (III 170/78)	Grundsteuerbefreiung für kirchl. Dienstgrundstück.	19,276
2. 4. Hess. FG (I 4/82)	Steuerrechtl. Anerkennung einer Aufwandsentschädigung für Geistliche.	20,1
2. 7. FG Köln (XI 280/81 A Ki)	Einspruch gegen Kirchensteuerbescheid.	20,84
9. 7. FG Bremen (I 37/82 Ki)	Gemeinnützige Zwecke einer Freimaurerloge.	20,85
11. 8. FG Köln (VIII 545/79 L)	Werbungskosten eines Offiziers der Heilsarmee.	20,94
13. 10. FG Köln (XI 194/81 Ki)	Erweiterte unbeschränkte Einkommensteuerpflicht und Kirchensteuer.	20,157
28. 10. Hess. FG (IV 303/79)	Jugendreligion nicht gemeinnützig.	20,174
9. 11. FG München (VII 172/77)	Begründung der Kirchensteuerpflicht durch Taufe u. Wohnsitz.	20,185
1983		
5. 5. FG Baden-Württemberg (X 471/82)	Berechnung der Kirchensteuer in glaubensverschiedener Ehe.	21,112
31. 8. FG Köln (XI K 114/83)	Kirchensteuerpflicht einer in Deutschland lebenden Österreicherin.	21,224
25. 11. FG Hamburg (V 485/81)	Werbungskosten eines Vikars.	21,298
20. 12. FG Münster (VI 6364/81, 4648/82 Ki)	Kirchensteuerpflicht u. Einschränkung der Mitgliedschaftsrechte durch Kirchenstrafe.	21,338

1984		
14. 3. FG Köln (XI 137/84 Ki)	Diözesanrechtl. Verzicht auf Höchstbetragsbegrenzung (Kappung der Kirchensteuer).	22,32
9. 5. FG Köln (XI K 457/83)	Zur steuerl. Abzugsfähigkeit von Unterstützungszahlungen an eine indische Familie.	22,90
24. 7. FG München (VII 285/82-Ki 1-6)	Zur Frage der Verpflichtung eines konfessionslosen Arbeitgebers zur Einbehaltung u. Abführung der Kirchenlohnsteuer.	22,161
2. 8. FG des Saarlandes (I 261/82)	Zur Verletzung des Gleichheitsgrundsatzes in § 4 Abs. 1 KiStG Saar.	22,174
1985		
24. 4. Hess. FG (10 K 254/84)	Eheschließung nach islamischem Recht in der Türkei.	23,81
17. 7. FG Hamburg (VII 3/84)	Kirchensteuer von pauschalierter Lohnsteuer.	23,134
26. 11. FG Köln (V K 241/85)	Werbungskosten eines Religionslehrers.	23,275
16. 12. FG München (VII [XIII] 325/81; 344/83; 248/84; XIII 272/85 Ki)	Kirchensteuer in konfessionsverschiedener Ehe.	23,296
1986		
28. 4. FG Köln (XI A 447/85)	Pauschalierte Lohnkirchensteuer als eigene Steuerschuld des Arbeitgebers.	24,115
4. 7. FG Baden-Württemberg (IX 231/82)	Nachprüfungspflicht betr. Konfessionsvermerk in der Lohnsteuerkarte.	24,166
4. 8. FG München (VII [XIII] 232/80 Ki)	Anknüpfung der für die Kirchensteuerpflicht maßgeblichen kirchl. Mitgliedschaft an den Wohnsitz.	24,196
15. 9. FG München (VII [XIII] 193/84 Ki 2)	Begründung kirchl. Mitgliedschaft durch Wohnsitzwechsel.	24,233

16. 9. FG München (XIII 200/85 AO)	Kirchenlohnsteuer-Pauschalierung.	**24,237**
29. 10. FG Hamburg (VII 23/86)	Grundlagen und Aufteilung pauschal erhobener Kirchensteuer.	**24,275**
10. 11 FG München (VII [XIII] 154/81 Ki)	Förmlichkeit und Nachweis des Kirchenaustritts.	**24,281**
1987		
26. 2. FG München (VII [XIII] 196/84 Ki)	Modifizierte Kirchenaustrittserklärung.	**25,30**
13. 3. FG Köln (11 A 413/86)	Wohnsitzprinzip und Kirchensteuerpflicht.	**25,57**
23. 3. FG München (VII [XIII] 77/84 Ki)	Bekenntnisverwandtschaft u. kirchl. Mitgliedschaft.	**25,67**
30. 4. FG Bremen (II 120/85 K)	Höhe der Kirchensteuerzahlungsschuld bei Kirchenaustritt während des Kirchenjahres.	**25,138**
2. 10. FG Baden-Württemberg (IX K 337/88)	Kirchensteuer auf Nachlaßerträgnisse.	**25,329**
26. 10. FG Düsseldorf (V/1 Ko 4/87)	Anspruch von Kirchengemeinden auf Kostenerstattung im finanzgerichtl. Verfahren.	**25,343**
23. 11. FG München (XIII 187/87 AO)	Kirchensteuer aus Sondereinkünften nach Kirchenaustritt.	**25,372**

F. SOZIALGERICHTE

I. Bundessozialgericht

1959		
28. 4. (1 RA 4/58)	Eine kirchliche Trauung erfüllt nach deutschem Recht nicht die Formerfordernisse einer wirksamen Eheschließung.	5,18
1960		
20. 9. (7 RAr 53/59)	Arbeitslosenversicherungspflicht von im Schuldienst beschäftigten Ordensschwestern.	5,222
1961		
28. 11. (2 RU 53/58)	Zur Frage des Versicherungsschutzes für Angehörige einer Kirchengemeinde, die freiwillig und unentgeltlich Arbeiten für diese Gemeinde leisten.	5,363
1962		
29. 3. (3 RK 74/57)	Sozialversicherungspflicht des Predigers einer Freien evangelischen Gemeinde.	6,54
1966		
18. 5. (11 RA 249/64)	Ordensleute sind nicht für die Zeit vor dem 1. 3. 1957 nachzuversichern.	8,76
1967		
27. 2. (3 RK 79/64)	Die freiwillige Krankenversicherung steht auch rentenberechtigten evangelischen Diakonissen offen.	9,30
17. 3. (11 RA 164/66)	Anspruch eines früher in Rumänien tätigen, später in die Bundesrepublik Deutschland zugezogenen Geistlichen auf Altersruhegeld.	9,44

1970		
22. 4. (12 RJ 204/65)	Nachversicherungspflicht für ausgetretene Ordensangehörige.	11,192
22. 4. (12 RJ 362/69)	Nachversicherungspflicht für ausgetretene Ordensangehörige.	11,199
1971		
16. 7. (3 RK 16/68)	Keine Sozialversicherungspflicht für Mitglieder eines im Ausland tätigen Missionsordens während der Ausbildung.	12,271
24. 11. (4 RJ 215/70)	Keine Rückwirkung einer Ermächtigung gem. § 15a EheG.	12,329
1972		
20. 4. (1 RA 233/70)	Nachversicherung für einen Geistlichen nach dem Fremdrentenrecht.	12,434
20. 4. (1 RA 11/71)	Fiktive Nachversicherung nach Art. 6 § 18 FANG für die vor dem 9. Mai 1945 bei der Thüringischen Ev. Landeskirche verbrachte Dienstzeit.	12,453
27. 4. (2 RU 14/69)	Kein gesetzlicher Unfallversicherungsschutz für Kirchenchormitglieder.	12,472
19. 7. (10 RV 405/71)	Postulat bzw. Noviziat als Zeiten der Berufsbildung im versorgungsrechtlichen Sinne.	13,22
1974		
22. 11. (1 RA 31/74)	Beendigung versicherungsfreier Tätigkeit bei Ausscheiden eines Ordensmitgliedes.	14,200
18. 12. (2/8 RU 34/73)	Kein Anspruch auf Witwenrente, wenn die Ehe unter Verstoß gegen § 15a EheG geschlossen worden ist.	14,237
1975		
30. 1. (2 RU 137/74)	Gesetzlicher Unfallversicherungsschutz für Ministranten.	14,207
23. 4. (2 RU 227/74)	Versicherungsschutz für den Weg zum Beichtunterricht.	14,255

19. 8. (8 RU 234/74)	Unfallversicherungsschutz für Kirchenchormitglieder.	15,13
26. 8. (7 RAr 6/74)	Leistungen nach dem Arbeitsförderungsgesetz für Ordensmitglieder.	15,21
17. 12. (7 RAr 84/73)	Keine Ausbildungsförderung für Umschulung Priester/Gymnasiallehrer.	15,168
1976		
31. 3. (1 RA 187/74)	Zur Frage der sozialversicherungsrechtlichen Stellung eines Militärgeistlichen.	15,239
15. 6. (11 RA 116/75)	Zur Frage der Nachversicherung eines ausgeschiedenen Ordensgeistlichen für die Zeit eines Auslandsaufenthalts.	15,272
7. 12. (8 RU 18/76)	Versicherungsschutz bei Veranstaltungen des Pfarrgemeinderats.	15,439
1977		
27. 1. (7 RAr 36/75)	Leistungen nach dem AFG bei Umschulung zum Krankenpfleger/Diakon.	16,25
30. 11. (4 RJ 7/77)	Kein Anspruch auf Witwenrente nach kirchl. Eheschließung u. unter Verstoß gegen die Formpflicht gem. § 11 Abs. 1 EheG.	16,250
1978		
29. 3. (5 RJ 14/77)	Versicherungsrechtliche Wirkungen einer unter Verstoß gegen § 15a EheG geschlossenen Ausländerehe.	16,355
1979		
10. 12. (5 S 1/78)	Freistellung der Religionsgemeinschaften von der Pauschgebühr gem. § 184 Abs. 1 S. 1 SGG.	17,380
1980		
10. 12. (7 RAr 93/79)	Religiös motivierte Ablehnung eines Arbeitsangebots durch einen Arbeitslosen.	18,347

1981		
5. 8. (11 RA 44/80)	Keine Berücksichtigung der Vikariatszeit bei der Nachversicherung eines Pfarrers.	19,12
1982		
18. 3. (11 RA 27/81)	Zur Nachversicherung ausgeschiedener in einem Angestellten- bzw. Beamtenverhältnis tätiger Ordensangehöriger.	19,264
19. 5. (11 RA 34/81)	Beschäftigungsverhältnis und Gestellungsvertrag bei Ordensangehörigen.	20,45
3. 11. (1 RA 3/82)	Besuch eines Predigerseminars als rentenrechtliche Ausfallzeit.	20,178
1983		
20. 1. (11 RA 67/81)	Gewährung von Altersruhegeld an Ordensangehörige.	21,12
26. 1. (1 RA 1/82)	Anspruch auf Kinderzuschuß zum Altersruhegeld eines Geistlichen.	21,22
17. 3. (11 RA 76/82)	Kirchl. Versorgungsanspruch nach beamtenrechtl. Grundsätzen.	21,66
1984		
25. 4. (10 RKg 2/83)	Besuch einer Bibelschule als Schul- bzw. Berufsausbildung.	22,79
28. 8. (11 RA 74/83)	Zur Anwendung der §§ 37c Abs. 1 Satz 1 AVG auf Bedienstete anerkannter Religionsgemeinschaften.	22,179

II. Landessozialgerichte

1963		
1. 7. LSG Nordrhein-Westfalen (L 14 An 734/59)	Das Recht der gesetzlichen Rentenversicherung ist ein „für alle geltendes Recht" i. S. des Verfassungs- und Konkordatsrechts.	6,267
13. 12. LSG Nordrhein-Westfalen (L 14 U 66/62)	Gesetzliche Unfallversicherung für freiwillige Helfer einer Kirchengemeinde.	6,353

1964		
7. 7. Bayer. LSG (L 16 An 55/62)	Ordensleute sind nicht für die Zeit vor dem 1. 3. 1957 in der Angestelltenversicherung nachzuversichern.	7,83
1970		
9. 4. LSG Rheinland-Pfalz (L 5 Kg-1/69)	Anspruch auf Kindergeld während der Ausbildung des Kindes zum Beruf eines Ordensbruders.	11,187
25. 9. LSG Niedersachsen (L 1 An 122/69)	Nachversicherung für einen Geistlichen nach dem Fremdrentengesetz.	11,309
13. 10. Bayer. LSG (L 16/An 115/69)	Nachversicherung für ausgeschiedenes Ordensmitglied.	11,337
26. 11. LSG Nordrhein-Westfalen (L 4 An 155/68)	Nachversicherung eines bei Kriegsende aus dem kirchl. Dienst ausgeschiedenen Geistlichen.	11,378
1972		
13. 12. Bayer. LSG (L 2/U 248/70 E)	Gesetzlicher Unfallversicherungsschutz für Ministranten.	13,102
1975		
11. 6. LSG Nordrhein-Westfalen (L 8 [12] An 64/72)	Nachversicherung für die Zeit des Auslandsaufenthaltes eines Missionars.	14,300
17. 12. LSG Baden-Württemberg (L 2 Ua 876/73)	Versicherungsschutz bei Veranstaltungen des Pfarrgemeinderates.	15,178
1976		
27. 9. LSG Baden-Württemberg (L 9 J 1485/73 -2)	Rechtsgültigkeit einer Eheschließung von Ausländern trotz Verstoß gegen § 15a EheG.	15,338
20. 10. LSG Rheinland-Pfalz (L 3 U 28/76)	Widerlegung der Rechtsvermutung aus § 594 RVO aufgrund nur kirchenrechtlich wirksam geschlossener Ehe.	15,355

1979		
9. 1. LSG Niedersachsen (L 7 Ar 118/77)	Arbeitslosengeld bei Einschränkung der Verfügungsbereitschaft infolge religiöser Betätigung.	17,142
1980		
29. 1. LSG Nordrhein-Westfalen (L 6 V 190/78)	Kirchliche Normen als öffentl.-rechtl. Vorschriften i.S.v. § 11 Abs. 2 S. 2 BVG.	18,4
17. 7. Bayer. LSG (L 11/An 114/78)	Anrechnung von Tätigkeiten eines Ordensmitglieds als Beschäftigungszeiten nach § 16 FRG.	18,222
1981		
30. 9. Bayer. LSG (L 13/An 106/79)	Kein Rentenanspruch einer früher als Lehrerin tätigen Ordensschwester.	19,64
1984		
7. 6. LSG Nordrhein-Westfalen (L 16 KR 98/82)	Zur Rentenversicherungspflicht von Postulanten u. Novizen eines kath. Ordens.	22,126
1986		
26. 6. LSG Hamburg (VI JBf 211/82)	Anspruch auf Hinterbliebenenrente aus einer nur kirchl. geschlossenen Ehe.	24,157

III. Sozialgerichte

1962		
20. 3. SG Freiburg (S 8 Kr 2246/61)	Sozialversicherungspflicht von Welt- und Ordensgeistlichen.	6,48
24. 10. SG Dortmund (S 16 Kg 684/62)	Kindergeldzahlung für Klosteraspiranten.	6,153
1966		
1. 7. SG Düsseldorf (1 Kr 46/65)	Zur Frage, ob die Tätigkeit als geschäftsführendes Vorstandsmitglied eines „Evangelischen Arbeitsausschusses“ der Sozialversicherungspflicht unterliegt.	8,106

1974		
11. 6. SG Hamburg (9-AN 762/71)	Zum Umfang der Nachversicherung bei ausgeschiedenen Ordensangehörigen.	11,85
1976		
11. 10. SG Aachen (S 10 Ar 79/75)	Gewährung eines staatl. Lohnkostenzuschusses an kirchliche Einrichtungen.	15,353
1977		
22. 3. SG Duisburg (S 13 [14] An 83/75)	Höhe der Nachversicherung bei ausgeschiedenen Ordensangehörigen.	16,94
1978		
31. 7. SG Köln (S 2 An 52/76)	Maßgeblicher Zeitpunkt für die Verpflichtung zur Nachversicherung.	17,15
11. 12. SG Hildesheim (S 6 U 88/78)	Befreiung kirchl. Körperschaften des öffentl. Rechts von der Umlage für Konkursausfallgeld.	17,125
1981		
29. 9. SG Dortmund (S 8 Kr 172/81)	Verstoßen Leistungen der gesetzlichen Krankenversicherung für nicht medizinisch indizierten Schwangerschaftsabbruch gegen das Grundrecht der Beitragspflichtigen aus Art. 4 Abs. 1 GG?	19,46

G. ARBEITSGERICHTE

I. Bundesarbeitsgericht

1956		
31. 1. (3 AZR 67/54)	Kündigung eines geschiedenen katholischen Arbeiters und Handwerkers in einem konfessionellen Krankenhaus.	3,240
26. 6. (3 AZR 166/54)	Die TO.A gilt in der badischen Landeskirche nicht für Angestellte der Kirchengemeinden.	3,317

1969		
19. 12. (1 ABR 10/69)	Befreiung eines kirchlichen Krankenhauses von der Verpflichtung zur Wahl eines Betriebsrats.	11,112
1970		
21. 10. (4 AZR 20/70)	Anrechnung von Versorgungsbezügen des Ehegatten auf die Bezüge eines Kirchenbeamten.	11,342
1975		
21. 11. (1 ABR 12/75)	Anwendung des Betriebsverfassungsgesetzes auf kirchl. Einrichtungen.	15,105
1977		
6. 12. (1 ABR 28/77)	Zur Frage der Anwendbarkeit des Betriebsverfassungsgesetzes auf kirchl. Einrichtungen.	16,254
1978		
14. 2. (1 AZR 280/77)	Zulässigkeit u. Rahmen gewerkschaftl. Betätigung in kirchl. Einrichtungen.	16,324
25. 4. (1 AZR 70/76)	Eheschließung einer Kindergartenleiterin mit einem geschiedenen Mann als Kündigungsgrund.	16,367
1980		
4. 3. (1 AZR 125/78)	Standesamtl. Eheschließung als Kündigungsgrund.	18,41
4. 3. (1 AZR 1151/78)	Kündigung des Dienstverhältnisses einer Fachlehrerin an einer kirchl. Privatschule wegen Kirchenaustritts.	18,50
24. 9. (4 AZN 289/80)	Revisibilität arbeitsvertragl. Richtlinien des Dt. Caritasverbandes.	18,277
14. 10. (1 AZR 1274/79)	Wiederverheiratung Geschiedener als Kündigungsgrund im kirchl. Dienst.	18,296
1981		
3. 11. (1 AZR 38/81)	Kündigung des Dienstverhältnisses eines Kunsterziehers an kirchl. Privatschule wegen ehebrecherischer Beziehungen.	19,98

24. 11. (1 ABN 12/81)	Anwendung des Betriebsverfassungsgesetzes auf kirchl. Einrichtungen.	19,151
1982		
19. 1. (1 AZR 279/81)	Gewerkschaftl. Werbe-, Informations- u. Betreuungstätigkeit in kirchl. Einrichtungen.	19,191
9. 2. (1 ABR 36/80)	Zur Frage der Anwendbarkeit des Betriebsverfassungsgesetzes nach Übernahme eines Krankenhauses durch einen kirchlichen Träger.	19,208
17. 3. (5 AZR 1174/79)	Bindung des kirchl. Arbeitgebers an eine Betriebsübung.	19,261
18. 5. (3 AZN 23/82)	Verweisung einer kirchl. Arbeitsvertragsordnung auf einen Tarifvertrag.	20,43
21. 10. (2 AZR 591/80)	Kündigung eines im kirchl. Dienst stehenden Krankenhausarztes wegen öffentl. Eintretens für die Legalisierung des Schwangerschaftsabbruchs aus sozialer Indikation.	20,160
1983		
27. 4. (4 AZR 506/80)	Arbeitsfeststellung u. Entgeltzahlung bei kirchl. Eheschließung.	21,81
30. 6. (2 AZR 524/81)	Homosexuelles Verhalten eines kirchl. Mitarbeiters als Kündigungsgrund.	21,162
1984		
23. 3. (7 AZR 249/81)	Kirchenaustritt eines in einem kirchl. Jugendwohnheim tätigen Buchhalters als Kündigungsgrund.	22,53
31. 10. (7 AZR 232/83)	Standesamtliche Eheschließung als Kündigungsgrund.	22,209
12. 12. (7 AZR 418/83)	Kirchenaustritt eines Arztes an kirchl. Krankenhaus als Kündigungsgrund.	22,259
1986		
15. 1. (7 AZR 545/85)	Kündigung eines im kirchl. Dienst stehenden Krankenhausarztes wegen öffentl. Eintretens f. d. Legalisierung des Schwangerschaftsabbruchs aus sozialer Indikation.	24,7

11. 3. (1 ABR 26/84)	Pass. Wahlrecht f. kirchl. Mitarbeitervertretung.	24,72
1987		
25. 3. (5 AZR 414/84)	Berechnung von Krankenbezügen nach Arbeitsvertragsrichtlinien des Diakonischen Werkes.	25,73
30. 7. (6 ABR 78/85)	Betriebsratsfähigkeit einer bay. Klosterbrauerei.	25,259
28. 10. (5 AZR 518/85)	Übertarifliche Zulagen im AVR-Bereich.	25,346

II. Landesarbeitsgerichte

1947		
16. 9. LAG Frankfurt a. M. (II LA 81/47)	Arbeitsfreistellung von Angehörigen einer religiösen Gemeinschaft, bei der der Samstag als Ruhetag gilt.	1,13
1951		
14. 11. LAG Schleswig-Holstein (2 Sa 239/51)	TO.A und Dienstverträge mit kirchlichen Arbeitgebern, die den Tarifvertragsparteien nicht angehören.	1,191
1960		
25. 5. LAG Düsseldorf (7 Sa 100/60)	Kündigungsrecht einer evangelischen Kirchengemeinde, deren Kindergärtnerin ihrem Verlobten die katholische Erziehung ihrer künftigen gemeinsamen Kinder verspricht.	5,186
1968		
3. 4. LAG Hamm (8 [7] Sa 5/68)	Zum Kindergeldanspruch eines von einer Kirchengemeinde angestellten Assistenzarztes, dessen Ehefrau als Landesbeamtin den Kinderzuschlag erhält.	10,46

1975		
8. 9. LAG Düsseldorf (4 Sa 1024/75)	Hausverbot für ein Mitglied der Mitarbeitervertretung eines kirchl. Krankenhauses.	15,27
29. 10. LAG Saarbrücken (2 Sa 51/75)	Eheschließung einer Kindergartenleiterin mit einem geschiedenen Mann als Kündigungsgrund.	15,88
1976		
29. 4. LAG Hamm (8 Sa 48/76)	Formmängel bei Willenserklärungen kirchl. Kollegialorgane.	15,254
1977		
9. 8. LAG Frankfurt (9 Sa 65/77)	Zur arbeitsrechtl. Treuepflicht des kirchl. Fachhochschullehrers.	16,155
25. 8. LAG Niedersachsen (6 Sa 957/76)	Anspruch auf Weiterbeschäftigung eines kirchl. Arbeitnehmers u. Kirchenaustritt.	16,178
14. 10. LAG Düsseldorf (13 Sa 799/76)	Kündigung eines kirchl. Dienstverhältnisses wegen Kirchenaustritts – Formfragen, Fristversäumnis, Verwirkung.	16,200
3. 11. LAG Hamm (4 Sa 874/77)	Standesamtliche Eheschließung einer Kindergartenleiterin mit einem Priester als Kündigungsgrund.	16,216
1978		
17. 1. LAG Hamm (7 Sa 1247/77)	Einstellungsvoraussetzungen für den kirchl. Dienst.	16,275
8. 8. LAG Düsseldorf (11 Sa 788/78)	Rechtsunwirksamkeit der Kündigung einer Kirchenangestellten.	17,19
11. 10. LAG Düsseldorf (15 Sa 1114/78)	Kündigung eines im kirchl. Dienst stehenden Sozialpädagogen wegen Kirchenaustritts.	17,83
16. 10. LAG Hamm (9 Sa 729/78)	Kündigung einer Fachlehrerin an einer kirchl. Privatschule wegen Kirchenaustritts.	17,84
1979		
12. 7. LAG Niedersachsen (6 Sa 194/79)	Auswirkung der Änderung einer kirchl. Versorgungsordnung auf ein bestehendes Arbeitsverhältnis.	17,274

15. 11. LAG München (8 Sa 739/78)	Wiederverheiratung als Kündigungsgrund im kirchl. Dienstverhältnis.	17,358
5. 12. LAG Hamm (12 TaBV 75/79)	Zur Frage der Anwendbarkeit des Betriebsverfassungsgesetzes auf ein kirchl. getragenes Forschungsinstitut.	17,369
5. 9. LAG Rheinland-Pfalz (2 Sa 126/79)	Ein Gestellungsvertrag für einen geistlichen Religionslehrer begründet kein Arbeitsverhältnis.	17,304
1980		
11. 3. LAG Düsseldorf (19 TaBV 42/79)	Zur Frage der Anwendbarkeit des Betriebsverfassungsgesetzes auf kirchl. Einrichtungen.	18,58
28. 3. LAG Rheinland-Pfalz (5 [6] Sa 653/79)	Kündigung des Arbeitsvertrages einer Stationshilfe im kirchl. Alten- u. Pflegeheim wegen außerdienstl. Verhaltens.	18,113
27. 5. LAG Düsseldorf (19 TaBV 20/79)	Zur Frage der Anwendbarkeit des Betriebsverfassungsgesetzes nach Übernahme eines Krankenhauses durch einen kirchl. Träger.	18,179
8. 9. LAG Düsseldorf (21 Sa 582/80)	Kündigung eines im kirchl. Dienst stehenden Krankenhausarztes wegen öffentl. Eintretens für die Legalisierung des Schwangerschaftsabbruchs aus sozialer Indikation.	18,258
3. 10. LAG Düsseldorf (17 Sa 964/80)	Bekräftigung loyalitätswidrigen Presseäußerungen eines kirchl. Arbeitnehmers in einem Fernsehinterview.	18,285
1981		
6. 3. LAG Düsseldorf (16 TaBV 28/80)	Zur Frage der Anwendbarkeit des Betriebsverfassungsgesetzes auf ein kirchl. getragenes Berufsförderungswerk.	18,420
9. 4. LAG München (8 [3] Sa 556/80)	Kirchenaustritt eines Buchhalters in einem kirchl. Jugendwohnheim als Kündigungsgrund.	18,475
1982		
17. 12. LAG Niedersachsen (10 Sa 95/82)	Standesamtl. Eheschließung als Kündigungsgrund.	20,235

1983		
24. 6. LAG Berlin (2 Sa 15/83)	Kirchenaustritt eines Arztes an kirchl. Krankenhaus kein Kündigungsgrund.	21,152
31. 10. LAG Düsseldorf (14 Sa 332/83)	Kündigung einer kirchl. Jugendleiterin wegen DKP-Mitgliedschaft.	21,271
18. 11. LAG Niedersachsen (10 Sa 120/83)	Kirchenaustritt eines Küchenhelfers im kirchl. Krankenhaus als Kündigungsgrund.	21,294
1984		
25. 1. LAG Köln (2/10 Sa 1276/83)	Kündigung einer Kindergärtnerin in einem kirchl. Kindergarten.	22,1
20. 3. LAG Niedersachsen (2 TaBV 8/83)	Pass. Wahlrecht für kirchl. Mitarbeitervertretung.	22,40
22. 3. LAG Düsseldorf (14 Sa 1905/83)	Einschränkung der Religionsfreiheit durch das Verbot, eine für eine bestimmte Sekte typische Kleidung zu tragen.	22,43
3. 4. LAG Hamm (7 Sa 1711/83)	Kündigung eines kirchl. Mitarbeiters wegen ehewidriger Beziehungen.	22,66
3. 5. LAG Berlin (7 Sa 8/84)	Tarifvertragl. Charakter der Arbeitsvertragsrichtlinien des Diakonischen Werkes der EKD.	22,84
1985		
6. 3. LAG Köln (2 Sa 1148/84)	Kündigung wegen kirchl. ungültiger Heirat.	23,22
9. 4. LAG Berlin (9 Sa 4/85)	Mitarbeiterversammlung/Vergütung.	23,60
7. 5. LAG Hamm (7 Sa 403/85)	Übertarifl. Zulagen im AVR-Bereich.	23,89
12. 7. LAG Niedersachsen (9 Sa 75/84)	Befristeter Arbeitsvertrag für Katecheten.	23,132
20. 8. LAG Hamm (7 Sa 945/85)	Loyalitätspflicht einer Kindergärtnerin im kirchl. Dienst.	23,163

30. 10. LAG München (8 TaBV 23/85)	Betriebsratsfähigkeit einer bay. Klosterbrauerei.	23,231
26. 11. LAG Hamm (7 Sa 1571/85)	Kündigung eines Arbeitsverhältnisses wegen Mitgliedschaft in marxistisch-leninistischer Partei.	23,265
12. 2. LAG Hamm (3 TaBV 140/85)	Betriebsrat f. kirchl. Berufsbildungswerk.	24,33
14. 5. LAG Baden-Württemberg (3 Sa 10/86)	Schadensersatz aus culpa in contrahendo bei genehmigungsbedürftigem Anstellungsvertrag.	24,25
1987		
27. 1. LAG Hamm (7 Sa 2049/86)	Eheschließung unter Verstoß gegen kirchl. Recht als Kündigungsgrund.	25,8
19. 2. LAG München (6 (7) Sa 525/86)	Eheschließung unter Verstoß gegen kirchl. Recht als Kündigungsgrund.	25,34
27. 8. LAG Niedersachsen (11 TaBV 16/87)	Kirchl. Mitarbeitervertretungsrecht, Rechtsweg.	25,301

III. Arbeitsgerichte

1959		
4. 6. ArbG Darmstadt (2 A 110/59)	Zu den Auswirkungen von Änderungen der TO.A auf den Dienstvertrag eines kirchlichen Arbeitnehmers.	5,39
1975		
24. 11. ArbG Göttingen (2 BV 6/75)	Anwendung des Betriebsverfassungsgesetzes auf kirchl. Einrichtungen.	15,113
26. 11. ArbG Krefeld (4 Ca 962/75)	Kirchenaustritt als Kündigungsgrund.	15,120
1976		
18. 2. ArbG Köln (7 Ca 9433/75)	Kündigung des Arbeitsverhältnisses der Leiterin einer kath. Familienbildungsstätte wegen Eheschließung mit einem Geschiedenen.	15,222

14. 7. ArbG Köln (7 Ca 1783/76)	Kündigung gegenüber kirchl. Arbeitnehmer wegen Kirchenaustritts.	15,287
14. 9. ArbG Trier (1 Ca 579/76)	Kündigungsschutzklage gegen Kirchengemeinde.	15,319
2. 12. ArbG Darmstadt (5 Ca 277/76)	Zur Stellung der kirchl. Fachhochschule u. des kirchl. Fachhochschullehrers.	15,426
1977		
11. 1. ArbG Herne (2 Ca 2442/76)	Kündigung eines im kirchl. Dienst stehenden Sozialpädagogen wegen tendenzwidrigen Verhaltens.	16,1
4. 2. ArbG Duisburg (1 Ca 2106/76)	Tendenzwidriges Verhalten eines an einem kirchl. Krankenhaus tätigen Arztes.	16,34
1978		
22. 6. ArbG Krefeld (3 Ca 1017/78)	Kündigung eines kirchl. Dienstverhältnisses wegen Kirchenaustritts.	16,431
1979		
25. 4. ArbG Würzburg (5 Ca 563/78 A)	Zusammenleben einer Kindergartenleiterin mit einem geschiedenen Mann als Kündigungsgrund.	17,227
15. 8. ArbG Iserlohn (1 Ca 391/79)	Fristlose Kündigung eines Arbeitsvertrages gemäß § 42 KAVO.	17,295
1980		
28. 2. ArbG Stuttgart (5 Ca 258/79)	Verfassungsrechtl. Schutz koalitionsmäßiger Betätigung kirchl. Arbeitgeber.	18,34
9. 7. ArbG München (2 Ca 702/80)	Kirchenaustritt eines Buchhalters in einem kirchl. Jugendwohnheim als Kündigungsgrund.	18,216
5. 11. ArbG Kiel (4c Ca 713/80)	Versorgungsansprüche von Geistlichen im Angestelltenverhältnis.	18,308
1982		
27. 10. ArbG Kassel (4 Ca 356/82)	Kirchenaustritt einer ev. Pfarrerin.	20,171

1983		
25. 5. ArbG Krefeld (2 Ca 752/83)	Kündigung einer Erzieherin wegen Eheschließung mit einem Geschiedenen.	21,123
6. 6. ArbG Ulm (Kammern Ravensburg (4 Ca 161/83 R)	Kündigung einer Kindergartenleiterin wegen ehewidriger Beziehungen im Sinne des kirchl. Eherechts.	21,134
1985		
21. 5. ArbG Freiburg (2 Ca 129/85)	Chorleiter kein Arbeitnehmer.	23,98
22. 8. ArbG Essen (3 Ca 2138/85)	Eheschließung mit geschiedenem Mann als Kündigungsgrund.	23,171
16. 10. ArbG Siegburg (2 Ca 1063/85)	Fehlen des Kirchensiegels/Unwirksamkeit von Willenserklärungen.	23,221
12. 12. ArbG Reutlingen (3 Ca 216/85)	Schadensersatz aus culpa in contrahendo bei genehmigungsbedürftigem Anstellungsvertrag.	23,287
1986		
23. 6. ArbG Passau (4 Ca 366/86)	Kündigung einer Religionspädagogin u. Gemeindereferentin im kirchl. Dienst wegen Eheschließung mit einem Geschiedenen.	24,143
18. 7. ArbG Regensburg (5 Ca 968/86)	Kündigung eines Bibliotheksangestellten im kirchl. Dienst wegen Eheschließung mit einer Geschiedenen.	24,185
3. 9. ArbG Münster (4 Ca 194/86)	Kündigung wegen bürgerl. Eheschließung unter Verstoß gegen kirchl. Recht.	24,209
16. 10. ArbG Passau (4 [1] Ca 1576/85)	Kündigung einer Sozialarbeiterin im kirchl. Dienst wegen Eheschließung mit einem Geschiedenen.	24,254
1987		
18. 8. ArbG Hamm (2 Ca 183/87)	Kündigung des Dienstverhältnisses einer verheirateten Lehrerin im kirchl. Dienst wegen Aufnahme einer Lebensgemeinschaft mit einem anderen Partner.	25,296

11. 12. ArbG Herne (5 Ca 589/87)	Treuepflicht einer Erzieherin im kirchl. Dienst.	25,390

H. SONSTIGE GERICHTE

1953		
Obergericht für Rückerstattungssachen Rastatt 24. 4. (Dos. No. 236)	Die Einrichtungen einer Finanzabteilung bei einem Landeskirchenamt als diskriminierende Maßnahme i. S. des Rückerstattungsrechts.	2,55

2. Teil: Konkordanz KirchE/Amtliche Sammlungen

I. BVerfG, II. BGH, III. BVerwG, IV. BAG, V. BSG, VI. BFH, VII. Verfassungsgerichtshöfe, Oberverwaltungsgerichte, Verwaltungsgerichtshöfe, BayObLG

I. BVerfG

KirchE	Amtliche Sammlung
4,46	BVerfGE 6,309
5,256	BVerfGE 12,1
7,62	BVerfGE 17,302
7,172	BVerfGE 18,385
7,175	BVerfGE 18,392
7,183	BVerfGE 19,1
7,242	BVerfGE 19,129
7,310	BVerfGE 19,226
7,319	BVerfGE 19,242
7,323	BVerfGE 19,248
7,327	BVerfGE 19,253
7,338	BVerfGE 19,206
7,353	BVerfGE 19,268
7,363	BVerfGE 19,282
7,367	BVerfGE 19,288
8,67	BVerfGE 20,40
9,106	BVerfGE 21,62
9,183	BVerfGE 22,180
9,241	BVerfGE 22,287
10,14	BVerfGE 23,127
10,181	BVerfGE 24,236
10,216	BVerfGE 24,289
10,241	BVerfGE 24,362
12,2	BVerfGE 30,112
12,101	BVerfGE 30,415
12,132	BVerfGE 31,58
12,220	BVerfGE 31,230
12,294	BVerfGE 32,98
12,389	BVerfGE 33,18
12,410	BVerfGE 33,23
13,315	BVerfGE 35,366
15,128	BVerfGE 41,29
15,145	BVerfGE 41,89
15,158	BVerfGE 41,65
15,320	BVerfGE 42,312
16,41	BVerfGE 44,59
16,47	BVerfGE 44,37
16,75	BVerfGE 44,103
16,111	BVerfGE 44,353
16,189	BVerfGE 46,73
16,212	BVerfGE 46,266
16,284	BVerfGE 47,144
17,93	BVerfGE 49,375
17,95	BVerfGE 49,382
17,325	BVerfGE 52,223
18,69	BVerfGE 53,366

KirchE	Amtliche Sammlung	KirchE	Amtliche Sammlung
18,209	BVerfGE 54,341	23,105	BVerfGE 70,138
18,293	BVerfGE 55,32	24,119	BVerfGE 72,278
18,392	BVerfGE 57,200	24,267	BVerfGE 73,388
21,307	BVerfGE 66,1	25,39	BVerfGE 74,244
23,80	BVerfGE 69,248	25,100	BVerfGE 75,40

II. BGH

1,294	BGHZ 6,296	5,163	BGHZ 33,145
2,64	BGHZ 9,339	5,270	BGHZ 34,20
2,189	BGHZ 12,321	5,291	BGHZ 34,372
2,288	BGHZ 14,294	6,143	BGHZ 38,317
3,170	BGHSt 8,273	6,171	BGHZ 38,289
3,184	BGHZ 18,373	6,234	BGHZ 39,299
3,206	BGHZ 19,130	7,24	BGHZ 41,136
3,297	BGHSt 9,140	7,159	BGHZ 43,213
3,361	BGHZ 21,340	8,74	BGHSt 21,64
3,430	BGHZ 22,383	8,159	BGHZ 46,96
4,1	BGHZ 23,107	12,19	BGHZ 55,188
4,152	BGHZ 25,200	12,159	BGHZ 56,180
4,224	BGHZ 26,116	15,261	BGHZ 66,283
5,108	BGHZ 31,115	23,233	BGHSt 33,340

III. BVerwG

4,284	BVerwGE 6,101	7,19	BVerwGE 18,38
4,312	BVerwGE 7,66	7,74	BVerwGE 18,341
4,330	BVerwGE 7,189	7,91	BVerwGE 19,252
5,3	BVerwGE 8,211	7,218	BVerwGE 21,330
5,71	BVerwGE 9,179	8,58	BVerwGE 24,1
5,118	BVerwGE 10,91	8,213	BVerwGE 25,226
5,128	BVerwGE 10,136	8,254	BVerwGE 25,364
5,202	BVerwGE 10,355	9,2	BVerwGE 26,182
6,354	BVerwGE 17,267	9,167	BVerwGE 27,239
7,7	BVerwGE 18,14	9,269	BVerwGE 28,179

KirchE	Amtliche Sammlung	KirchE	Amtliche Sammlung
9,306	BVerwGE 28,345	18,311	BVerwGE 61,152
10,96	BVerwGE 30,29	19,21	BVerwGE 73,247
10,194	BVerwGE 30,326	19,104	BVerwGE 64,196
11,92	BVerwGE 34,291	19,220	BVerwGE 65,52
11,146	BVerwGE 35,90	20,208	BVerwGE 66,241
12,64	BVerwGE 37,344	21,211	BVerwGE 67,314
12,125	BVerwGE 38,76	21,227	BVerwGE 68,16
12,245	BVerwGE 38,264	21,251	BVerwGE 68,62
13,39	BVerwGE 46,11	22,251	BVerwGE 70,290
13,209	BVerwGE 42,118	23,95	BVerwGE 71,268
13,221	BVerwGE 42,128	23,156	BVerwGE 72,69
13,298	BVerwGE 42,318	23,199	BVerwGE 72,135
13,307	BVerwGE 42,346	24,40	BVerwGE 74,32
13,399	BVerwGE 44,196	24,109	BVerwGE 74,134
14,97	BVerwGE 45,224	24,200	BVerwGE 74,342
16,76	BVerwGE 52,104	24,305	BVerwGE 75,188
17,149	BVerwGE 57,215	25,171	BVerwGE 77,237
17,208	BVerwGE 63,215		

IV. BAG

3,240	BAGE 2,279	19,191	BAGE 37,331
11,342	BAGE 23,1	19,208	BAGE 41,5
16,254	BAGE 29,405	22,53	BAGE 45,250
16,324	BAGE 30,122	22,209	BAGE 47,144
16,367	BAGE 30,247	22,259	BAGE 47,292
18,41	BAGE 33,14	25,73	BAGE 54,308
18,277	BAGE 34,182	25,259	BAGE 56,1
18,296	BAGE 34,195		

V. BSG

5,18	BSGE 10,1	8,76	BSGE 25,24
5,222	BSGE 13,76	9,44	BSGE 26,181
5,363	BSGE 15,292	11,199	BSGE 31,139
6,54	BSGE 16,289	12,329	BSGE 33,219

KirchE	Amtliche Sammlung	KirchE	Amtliche Sammlung
12,434	BSGE 34,136	16,355	BSGE 46,104
12,453	BSGE 34,153	18,347	BSGE 51,70
12,472	BSGE 34,163	19,12	BSGE 52,78
14,200	BSGE 38,221	19,264	BSGE 53,198
14,255	BSGE 39,252	20,45	BSGE 53,278
15,13	BSGE 40,139	20,178	BSGE 54,162
15,21	BSGE 40,179	21,22	BSGE 54,247
15,239	BSGE 41,280	21,66	BSGE 55,19
15,272	BSGE 42,90	22,179	BSGE 57,117
16,250	BSGE 45,180		

VI. BFH

1,102	BFHE 54,488	7,229	BFHE 83,180
2,186	BFHE 58,493	8,88	BFHE 86,241
2,254	BFHE 58,764	8,121	BFHE 86,693
3,131	BFHE 61,335	8,172	BFHE 87,397
3,138	BFHE 61,342	8,181	BFHE 87,86
3,238	BFHE 62,73	8,235	BFHE 87,524
3,312	BFHE 62,48	8,239	BFHE 88,282
3,322	BFHE 63,161	9,1	BFHE 88,73
3,332	BFHE 63,169	9,201	BFHE 89,468
4,342	BFHE 67,536	10,88	BFHE 93,370
4,359	BFHE 68,39	10,108	BFHE 93,285
4,365	BFHE 68,208	10,213	BFHE 93,138
5,65	BFHE 69,283	10,287	BFHE 95,205
5,135	BFHE 70,374	10,340	BFHE 95,167
5,248	BFHE 72,292	10,349	BFHE 96,209
6,34	BFHE 74,672	11,6	BFHE 96,458
6,37	BFHE 75,29	12,112	BFHE 102,346
6,83	BFHE 75,112	12,221	BFHE 103,247
6,121	BFHE 75,526	12,233	BFHE 103,92
6,128	BFHE 75,584	12,285	BFHE 103,295
6,136	BFHE 75,673	12,368	BFHE 105,465
6,265	BFHE 77,313	13,56	BFHE 107,349
7,1	BFHE 78,538	13,116	BFHE 108,442
7,213	BFHE 83,62	13,120	BFHE 108,464

KirchE	Amtliche Sammlung	KirchE	Amtliche Sammlung
13,128	BFHE 108,451	15,81	BFHE 117,338
13,282	BFHE 110,112	15,220	BFHE 118,221
14,47	BFHE 112,209	16,239	BFHE 124,287
14,170	BFHE 114,4	17,179	BFHE 127,68
14,186	BFHE 114,154	17,192	BFHE 127,428
14,192	BFHE 115,64	17,249	BFHE 128,230
14,194	BFHE 114,346	20,223	BFHE 137,385
14,270	BFHE 116,176	21,107	BFHE 138,303
14,293	BFHE 116,150	21,318	BFHE 140,338
15,1	BFHE 116,485	22,18	BFHE 140,489
15,52	BFHE 117,289	23,151	BFHE 145,7
15,71	BFHE 117,327	25,253	BFHE 150,285
15,74	BFHE 117,331		

VII. Verfassungsgerichtshöfe, Oberverwaltungsgerichte, Verwaltungsgerichtshöfe, Bayer. Oberstes Landesgericht

1. *Baden-Württemberg*

VGH.BW

5,10	ESVGH 9,194	18,429	ESVGH 31,228
9,14	ESVGH 17,172	21,27	ESVGH 33,240
17,156	ESVGH 30,144	22,138	ESVGH 35,17

2. *Bayern*

a) BayVerfGH

1,213	BayVerfGHE NF 4 II, 251	9,114	BayVerfGHE NF 20 II, 87
2,269	BayVerfGHE NF 7 II, 49	9,173	BayVerfGHE NF 20 II, 125
3,3	BayVerfGHE NF 8 II, 21	9,210	BayVerfGHE NF 20 II, 140
4,239	BayVerfGHE NF 10 II, 86	9,227	BayVerfGHE NF 20 II, 159
5,155	BayVerfGHE NF 13 II, 45	9,245	BayVerfGHE NF 20 II, 171
8,132	BayVerfGHE NF 19 II, 51	9,273	BayVerfGHE NF 20 II, 191
9,50	BayVerfGHE NF 20 II, 36	10,1	BayVerfGHE NF 21 II, 1

KirchE	Amtliche Sammlung	KirchE	Amtliche Sammlung
10,120	BayVerfGHE NF 21 II, 153	13,74	BayVerfGHE NF 25 II, 129
10,380	BayVerfGHE NF 22 II, 43	18,125	BayVerfGHE NF 33 II, 65
11,213	BayVerfGHE NF 23 II, 106	19,225	BayVerfGHE NF 35 II, 10
11,244	BayVerfGHE NF 23 II, 135	22,232	BayVerfGHE NF 37 II, 166
11,310	BayVerfGHE NF 24 II, 171	22,293	BayVerfGHE NF 37 II, 184

b) BayObLG

1,166	BayObLGZ 1951, 421	17,297	BayObLGZ 1979, 303
1,315	BayObLGZ 1952, 218	18,358	BayObLGZ 1980, 381
3,382	BayObLGZ 1956, 339	19,179	BayObLGZ 1981, 401
5,268	BayObLGZ 1960, 455	23,189	BayObLGZ 1985, 325
5,300	BayObLGZ 1961, 119	25,199	BayObLGZ 1987, 161
8,1	BayObLGZ 1966, 1	25,212	BayObLGZ 1987, 219
13,405	BayObLGZ 1973, 328	25,397	BayObLGSt 1987, 165
15,48	BayObLGZ 1975, 359		

c) BayVGH

2,198	BayVGHE NF 7 I, 41	19,202	BayVGHE NF 35 I, 28
6,257	BayVGHE NF 16 I, 53	20,23	BayVGHE NF 35 I, 88
8,13	BayVGHE NF 19 I, 14	23,138	BayVGHE NF 38 I, 99
13,132	BayVGHE NF 26 I, 137	23,241	BayVGHE NF 39 I, 35
13,365	BayVGHE NF 26 I, 210	23,309	BayVGHE NF 39 I, 42
15,63	BayVGHE NF 28 I, 136	25,164	BayVGHE NF 40 I, 70

3. *Berlin*

OVG Berlin

2,26	OVGE 2,15
13,379	OVGE 12,38

4. *Hessen*

a) Hess.StGH

KirchE	Amtliche Sammlung
7,275	ESVGH 16,1
23,17	ESVGH 36,1

b) Hess.VGH

KirchE	Amtliche Sammlung
3,176	ESVGH 5,185
5,341	ESVGH 12,165
20,196	ESVGH 33,158
24,230	ESVGH 37,21
25,262	ESVGH 37,287

5. *Niedersachsen u. Schleswig-Holstein*

OVG Lüneburg

KirchE	Amtliche Sammlung
1,160	OVGE 5,287
1,305	OVGE 6,297
2,280	OVGE 8,421
3,119	OVGE 10,326
6,127	OVGE 18,396
7,33	OVGE 19,501
8,202	OVGE 22,495
10,314	OVGE 25,418
10,357	OVGE 25,449
10,387	OVGE 25,487
11,270	OVGE 26,501
12,38	OVGE 27,367
13,36	OVGE 29,349
17,29	OVGE 34,439
21,139	OVGE 37,412
22,4	OVGE 37,453

6. *Nordrhein-Westfalen*

OVG Münster

KirchE	Amtliche Sammlung
2,174	OVGE 7,151
3,126	OVGE 10,93
4,37	OVGE 12,162
6,3	OVGE 18,1
8,187	OVGE 22,297
11,1	OVGE 25,106
11,80	OVGE 25,178
14,125	OVGE 29,310
16,166	OVGE 33,105
17,63	OVGE 33,252
17,354	OVGE 34,248
18,230	OVGE 35,52
18,411	OVGE 36,31
21,25	OVGE 36,213
21,181	OVGE 37,4
21,193	OVGE 37,11
21,267	OVGE 37,37

7. *Rheinland-Pfalz*

OVG Koblenz

KirchE	Amtliche Sammlung
2,299	OVGE 2,369
3,76	OVGE 4,306
3,88	OVGE 5,1
3,395	OVGE 5,250
4,288	OVGE 6,360
4,375	OVGE 7,149
6,347	OVGE 9,118
7,205	OVGE 9,360
11,400	OVGE 12,18
12,343	OVGE 13,43
16,246	OVGE 15,51
21,9	OVGE 18,81
21,41	OVGE 18,121
25,324	OVGE 21,426

8. *Saarland*

OVG des Saarlandes

KirchE	Amtliche Sammlung
4,178	OVGE 6,255
11,66	OVGE 11,239

Sachregister

Die Angaben (Band [in Fettdruck], Seite) beziehen sich jeweils auf die erste Seite der Entscheidung.

A

F

H

I

S

U

V

FSC
www.fsc.org
MIX
Papier | Fördert gute Waldnutzung
FSC® C083411

Kolibri 360 GmbH
Ferdinand-Jühlke-Straße 7
99095 Erfurt, Deutschland
produktsicherheit@kolibri360.de